PATH OF EXILE 2: DAWN OF THE HUNT MEISTERUNGSANLEITUNG

Ein Umfassender Leitfaden Für Alle Levels:
Entsperren Sie Fortgeschrittene Gameplay-
Geheimnisse Und Dominieren Sie Die Jägerin.

Ethan Bryce Cooper

Copyright

Haftungsausschluss

Dieser Leitfaden ist eine inoffizielle Ressource für *Path of Exile 2: Dawn of the Hunt* . Alle darin enthaltenen Informationen basieren auf den persönlichen Erfahrungen, Recherchen und Erkundungen des Autors zum Zeitpunkt der Veröffentlichung. Obwohl alle Anstrengungen unternommen wurden, um die Richtigkeit des Inhalts zu gewährleisten, ist *Path of Exile 2* ein dynamisches und sich weiterentwickelndes Spiel mit häufigen Updates und Änderungen. Daher können einige Informationen in diesem Leitfaden mit der Zeit veralten.

Autor und Herausgeber stehen in keiner Verbindung zu Grinding Gear Games, dem Entwickler von *Path of Exile 2* , und dieser Leitfaden wird weder von ihnen unterstützt noch autorisiert. Alle Marken, Charaktere und zugehörigen Inhalte sind Eigentum von Grinding Gear Games.

Inhaltsverzeichnis

4

Einführung

Es gibt Momente im Leben eines jeden Gamers, in denen eine Fortsetzung nicht nur dem Original folgt – sie definiert es neu. *Path of Exile 2: Dawn of the Hunt* bittet nicht um Erlaubnis, dies zu tun – es tut es einfach. Es ist nicht nur eine Erweiterung, es ist ein Statement. Und egal, ob Sie Tausende von Stunden im Original verbracht haben oder zum ersten Mal zum Speer greifen, was Sie erwartet, ist eine Spielwelt voller wichtiger Entscheidungen, fairer Brutalität und einer Freiheit, die so tief ist, dass sie fast gefährlich ist.

Diese Einführung ist Ihre Brücke in diese Welt. Wir erklären Ihnen alles ganz einfach – ohne Fachjargon und ohne Firlefanz – und geben Ihnen nur echte, nützliche Einblicke, warum *Dawn of the Hunt* eines der bedeutsamsten Updates der Serie ist, das es je gab.

Überblick über das Spiel und seine Entwicklung

Path of Exile (PoE) setzte mit seinen umfassenden Anpassungsmöglichkeiten und seinem herausfordernden Gameplay neue Maßstäbe für Action-Rollenspiele (ARPGs). Der Nachfolger *Path of Exile 2* baut auf diesem Fundament auf und bietet verbesserte Grafik, erweiterte Hintergrundgeschichte und verfeinerte Spielmechanik. Das Update „Dawn of the Hunt" markiert einen wichtigen Meilenstein und führt Folgendes ein:

- **Neue spielbare Klasse** : Die Jägerin, eine Speer schwingende Kriegerin, die sowohl im Nah- als auch im Fernkampf bewandert ist.
- **Zusätzliche Aufstiegsklassen** : Neue Spezialisierungen für vorhandene Klassen, die unterschiedliche Spielstile bieten.
- **Erweiterter Endgame-Inhalt** : Neue Karten, Bosse und Herausforderungen, um die Fähigkeiten der Spieler zu testen.
- **Verbesserte Herstellungssysteme** : Verbesserte Mechanismen zur Anpassung und Weiterentwicklung von Gegenständen.

Hauptmerkmale des Updates „Dawn of the Hunt"

Das Update „Dawn of the Hunt" bringt mehrere bemerkenswerte Verbesserungen:

1. **Einführung der Jägerin-Klasse:** Die Jägerin erweist sich als vielseitige Kämpferin, die mit Speeren und Rundschilden Gegner sowohl im Nah- als auch im Fernkampf bekämpft. Ihre Beweglichkeit ermöglicht es ihr, sich durch die Schlachten zu schlängeln, was sie zu einer beeindruckenden Präsenz auf dem Schlachtfeld macht. Mit über 20 einzigartigen Fähigkeiten bietet die Jägerin neuen und wiederkehrenden Spielern einen frischen und dynamischen Spielstil.

9

2. Neue Ascendancy-Klassen: Dieses Update führt fünf neue Ascendancy-Klassen ein, die jeweils einzigartige Spielstile und Fähigkeiten bieten:

- **Ritualist** : Nutzt die Macht von Blutopfern, um verheerende Angriffe zu entfesseln.
- **Amazon** : Hervorragend geeignet für Elementarschaden, wobei Präzision und Naturgewalten zum Einsatz kommen.
- **Schmied von Kitava** : Ein Krieger-Aszendenz, der mitten im Kampf Waffen schmiedet und dabei die Essenz der Zerstörung kanalisiert.
- **Taktiker** : Ein Söldneraufstieg, der sich auf die Kontrolle des Schlachtfelds und strategisches Können konzentriert.
- **Lich** : Eine Hexenherrschaft, die sich mit dunklen Künsten beschäftigt und untote Mächte befehligt.

Diese neuen Ascendancy-Klassen bieten den Spielern vielfältige Möglichkeiten zur Charakterentwicklung und berücksichtigen unterschiedliche Spielstile und Vorlieben.

3. Erweitertes Arsenal an Fähigkeiten und Unterstützungssteinen: Spieler können jetzt mit über 25 neuen Fähigkeiten und mehr als 100 Unterstützungssteinen experimentieren, was umfassendere Anpassungsmöglichkeiten und innovative Build-Möglichkeiten ermöglicht. Diese Erweiterung ermutigt Spieler, einzigartige

10

Kombinationen zu erstellen und so die strategische Tiefe des Spiels zu erhöhen.

4. **Überarbeitung der Endgame-Inhalte:** Das Endgame-Erlebnis wurde durch acht neue Karten mit jeweils einzigartigen Herausforderungen und Belohnungen deutlich verbessert. Spieler treffen auf verdorbene Nexuses, kämpfen gegen furchterregende Bosse und haben die Möglichkeit, Zonen zu säubern, um wertvolle Beute zu erbeuten. Diese Ergänzungen bieten erfahrenen Spielern, die neue Herausforderungen suchen, frischen Content.

5. **Innovative Crafting-Systeme :** Das Update führt neue Crafting-Mechaniken ein, darunter Rekombinations-Crafting. Spieler können damit Gegenstände zusammenführen und Modifikatoren selektiv übertragen, was der Ausrüstungsoptimierung eine strategische Ebene verleiht. Dieses System ermöglicht es Spielern, ihre Ausrüstung an ihre spezifischen Bedürfnisse und Spielstile anzupassen.

6. **Einführung von Azmerian Wisps und Rogue Exiles:** Spieler treffen auf Azmerian Wisps – Geister, die Monster, mit denen sie in Kontakt kommen, verstärken und so sowohl die Herausforderung als auch die Belohnungen erhöhen. Darüber hinaus bieten Rogue Exiles, jeder mit seinen eigenen Fähigkeiten und Persönlichkeiten, dynamische und

11

unvorhersehbare Kampfszenarien. Diese Features verleihen dem Spiel-Ökosystem Tiefe und Abwechslung.

Das Update „Dawn of the Hunt" bereichert *Path of Exile 2* und bietet Spielern neue Herausforderungen, umfassendere Anpassungsmöglichkeiten und ein überarbeitetes Endgame. Egal, ob Neuling oder erfahrener Exilant – es gab noch nie einen besseren Zeitpunkt, in die sich entwickelnde Welt von Wraeclast einzutauchen.

Navigation in diesem Handbuch: So nutzen Sie es und profitieren davon

Dieser Leitfaden soll Ihre Reise durch das Spiel erleichtern. Er bietet strukturierte Einblicke, praktische Strategien und Tipps zur schnellen Orientierung für ein lohnendes Spielerlebnis. So holen Sie das Beste aus dieser Ressource heraus:

❖ **Leitfadenstruktur**

1. **Inhaltsverzeichnis:** Beginnen Sie mit dem Inhaltsverzeichnis, um sich mit dem Aufbau des Handbuchs vertraut zu machen. Es enthält eine Übersicht aller Abschnitte, sodass Sie interessante Themen schnell finden können.
2. **Kapitelübersicht:** Jedes Kapitel befasst sich mit bestimmten Aspekten des Spiels, wie Charakterentwicklung, Kampfmechanik, Beutesystemen und Quests. Sie finden:

- o **Detaillierte Analysen:** Detaillierte Erklärungen der Spielmechanik und Strategien.
- o **Schritt-für-Schritt-Anleitungen:** Klare Anweisungen helfen Ihnen bei der Bewältigung komplexer Aufgaben.
- o **Optimierungstipps:** Ratschläge zur Verbesserung der Effizienz und Effektivität des Spiels.

3. **Kurztipps:** Es werden Tipps und bewährte Vorgehensweisen erwähnt, damit Sie während des Spiels schnell umsetzbare Ratschläge finden.

❖ Kurzreferenztipps

- **Build-Planung:** Nutze die neuen Support-Edelsteine aus Dawn of the Hunt, um die Fähigkeiten deines Charakters anzupassen. Experimentiere mit verschiedenen Kombinationen, um Synergien zu finden, die zu deinem Spielstil passen.
- **Kampfstrategien:** Meistere die Parierfähigkeit der Jägerin, um Angriffe abzuwehren und mit verheerenden Folgeangriffen zu kontern. Timing und Positionierung sind entscheidend, um das Potenzial dieser Fähigkeit voll auszuschöpfen.
- **Beuteoptimierung:** Konzentriere dich auf Ausrüstung, die deine primären Attribute und Resistenzen verbessert. Mit dem erweiterten Beutepool dieses Updates kannst du Gegenstände priorisieren, die deinen gewählten Build ergänzen.

- **Vorbereitung auf das Endspiel:** Gehen Sie strategisch in die neuen verdorbenen Nexuses ein. Prüfen Sie die Bereitschaft Ihres Charakters, bevor Sie sich hineinstürzen, denn diese Gebiete stellen große Herausforderungen dar, bieten aber auch beträchtliche Belohnungen.

❖ **Maximieren Sie Ihr Erlebnis**

- **Bleiben Sie auf dem Laufenden:** Suchen Sie regelmäßig nach Updates und Patches, da sich das Spiel weiterentwickelt und neue Inhalte eingeführt werden.
- **Engagement der Community:** Nehmen Sie an Foren und Diskussionsgruppen teil, um Erfahrungen auszutauschen, Ratschläge einzuholen und über die neuesten Strategien und Builds auf dem Laufenden zu bleiben.
- **Übung und Geduld:** Meisterschaft kommt mit der Zeit. Nutzen Sie diesen Leitfaden als Werkzeug, um Ihre Fähigkeiten zu verfeinern und Ihr Verständnis zu vertiefen. Denken Sie jedoch daran, dass praktische Erfahrung von unschätzbarem Wert ist.

Begeben Sie sich voller Zuversicht auf Ihr Abenteuer, ausgestattet mit dem Wissen und den Strategien dieses Leitfadens. Möge Ihr Weg voller Triumphe und Entdeckungen sein!

Erste Schritte: Die Reise eines Neulings

Dein Abenteuer in Path of Exile 2 (PoE 2): Dawn of the Hunt beginnt mit der Auswahl einer Klasse, die zu deinem Spielstil passt, und dem Verständnis der Eigenschaften, die die Stärken deines Charakters ausmachen. Dieses Kapitel bietet einen detaillierten Überblick über die verfügbaren Klassen, Erklärungen der Kerneigenschaften und Vorschläge für Start-Builds, um dir eine fundierte Entscheidung zu ermöglichen.

Auswahl Ihres ersten Kurses: Ein Überblick

PoE 2 bietet eine vielfältige Auswahl an Klassen mit jeweils einzigartigen Fähigkeiten und Spielstilen. In der aktuellen Early-Access-Phase sind sechs Klassen verfügbar:

1. **Krieger**
   - *Beschreibung:* Ein robuster Frontkämpfer, spezialisiert auf den Nahkampf. Krieger zeichnen sich durch hohe Gesundheit und Verteidigung im Nahkampf aus.
   - *Startattribute:* Auf Stärke ausgerichtet, verbessert physischen Schaden und Überlebensfähigkeit.
2. **Jägerin**

o *Beschreibung:* Ein vielseitiger Kämpfer, der mit Speeren und Schilden vertraut ist und Nahkampf- und Fernkampfangriffe ausbalanciert.

o *Startattribute:* Geschicklichkeitsorientiert, verbessert Beweglichkeit und Fernkampfkompetenz.

3. **Zauberin**

o *Beschreibung:* Ein Meister der Elementarmagie, der verheerende Zauber mit Flächenwirkung wirken kann.

o *Startattribute:* Intelligenzbasiert, verstärkt magischen Schaden und Manaregeneration.

4. **Söldner**

o *Beschreibung:* Ein strategischer Kämpfer, der im Kampf mit Armbrust und Schusswaffe erfahren ist und über Mobilität und Fernangriffe verfügt.

o *Startattribute:* Eine ausgewogene Mischung aus Stärke und Geschicklichkeit, die Vielseitigkeit im Kampf bietet.

5. **Mönch**

o *Beschreibung:* Ein Kampfkünstler, der sich auf unbewaffneten Kampf und spirituelle Fähigkeiten konzentriert und einen einzigartigen und dynamischen Spielstil bietet.

o *Ausgangsattribute:* Stärke und Geschicklichkeit, wobei der Schwerpunkt auf körperlicher Leistungsfähigkeit und Beweglichkeit liegt.

6. **Hexe**

   o *Beschreibung:* Ein Zauberer, der auf Flüche und die Beschwörung von Dienern spezialisiert ist und einen strategischen Ansatz für den Kampf bietet.

   o *Startattribute:* Auf Intelligenz ausgerichtet, verbessert Zauberfähigkeiten und Dienerkontrolle.

Eigenschaften verstehen: Die Säulen Ihres Charakters

Jede Klasse basiert auf drei Hauptattributen, die verschiedene Aspekte des Gameplays beeinflussen:

- **Stärke**
  o *Vorteile:* Erhöht den physischen Schaden, verbessert die Gesundheit und stärkt die Wirksamkeit der Rüstung.
  o *Ideal für:* Krieger und andere auf den Nahkampf fokussierte Klassen, die auf der Suche nach Widerstandsfähigkeit und Schadensminderung sind.
- **Geschicklichkeit**
  o *Vorteile:* Verbessert den Fernkampfschaden, erhöht die Chance auf kritische Treffer und steigert die Ausweichfähigkeit.
  o *Ideal für:* Jägerinnen und Fernkämpfer, die Beweglichkeit und Präzision anstreben.

- **Intelligenz**
  - *Vorteile:* Erhöht den magischen Schaden, erhöht den Mana-Vorrat und die Regeneration und schaltet erweiterte Zauberfähigkeiten frei.
  - *Ideal für:* Zauberinnen und Zauberer, die sich auf Elementarangriffe und magische Fähigkeiten konzentrieren.

Empfehlungen für den Startaufbau: Gestalten Sie Ihr Abenteuer individuell

Die Wahl des Start-Builds kann Ihre ersten Erfahrungen maßgeblich beeinflussen. Hier sind einige anfängerfreundliche Build-Vorschläge für jede Klasse:

- **Krieger: Juggernaut-Build**
  - *Übersicht:* Konzentriert sich auf die Maximierung der Verteidigung und Überlebensfähigkeit, sodass Sie schweren Schaden aushalten und gleichzeitig konsistente Nahkampfangriffe ausführen können.
  - *Tipps für den Anfang:* Investieren Sie in Stärkeattribute, um die Widerstandsfähigkeit und den Nahkampfschaden zu verbessern.
- **Jägerin: Elementarbogenschützen-Build**
  - *Übersicht:* Kombiniert Fernangriffe mit Elementarmagie und bietet Vielseitigkeit im Kampf.

- o *Tipps für den Anfang:* Verteilen Sie Punkte auf Geschicklichkeit und Intelligenz, um Fernkampf- und magische Angriffe zu verstärken.
- **Zauberin: Stormweaver-Build**
  - o *Übersicht:* Nutzt blitzbasierte Zauber für hohen Schaden und Gebietskontrolle.
  - o *Tipps für den Anfang:* Priorisieren Sie Intelligenz, um Zauberschaden und Manaeffizienz zu maximieren.
- **Söldner: Grenadier-Build**
  - o *Übersicht:* Verwendet Sprengsätze und Fernkampfwaffen zur Kontrolle von Menschenmengen und für hohen Schaden.
  - o *Tipps für den Anfang:* Bringen Sie Stärke und Geschicklichkeit ins Gleichgewicht, um sowohl die Widerstandsfähigkeit als auch die Effektivität von Fernangriffen zu verbessern.
- **Mönch: Faust des eingesperrten Gottes-Build**
  - o *Übersicht:* Betont den unbewaffneten Kampf mit Fokus auf Kraft und Beweglichkeit.
  - o *Tipps für den Anfang:* Investieren Sie in Stärke und Geschicklichkeit, um Nahkampfschaden und Ausweichmöglichkeiten zu maximieren.
- **Hexe: Infernalist Summoner Build**
  - o *Übersicht:* Konzentriert sich auf das Beschwören von Dienern und das Wirken feuriger Zauber, um Feinde zu überwältigen.

o *Tipps für den Anfang:* Verteilen Sie Intelligenzpunkte, um die Stärke und Zauberfähigkeiten Ihrer Diener zu verbessern.

Visuelle Hilfsmittel: Klassenauswahl und Attributzuweisung

Um Ihnen weiterzuhelfen, finden Sie hier visuelle Darstellungen des Klassenauswahlbildschirms und der Attributzuweisung:

Abbildung 1: Klassenauswahlschnittstelle

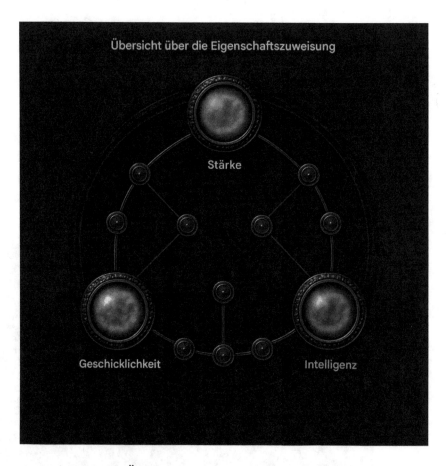

Abbildung 2: Übersicht über die Attributzuweisung

Hinweis: *Die Bilder dienen lediglich zur Veranschaulichung. Die tatsächliche Spieloberfläche kann abweichen.*

Deine Reise in PoE 2 beginnt mit dem Verständnis des Zusammenspiels zwischen Klassen und Attributen. Jede

Kombination bietet ein einzigartiges Erlebnis und passt zu verschiedenen Spielstilen. Experimentiere im Laufe des Spiels mit verschiedenen Builds und Attributzuweisungen, um herauszufinden, was am besten zu deinen Spielvorlieben passt. Denk daran: Der gewählte Weg ist nur der Anfang eines epischen Abenteuers voller

Verstehen der Benutzeroberfläche und Bedienelemente

Die Erweiterung „Dawn of the Hunt" von Path of Exile 2 bietet zahlreiche neue Funktionen und Verbesserungen. Um diese Änderungen voll zu nutzen, ist es wichtig, die Benutzeroberfläche und die Steuerung des Spiels zu verstehen. Dieser Abschnitt bietet einen detaillierten Einblick in diese Elemente und ermöglicht sowohl Einsteigern als auch erfahrenen Spielern ein optimales Spielerlebnis.

1. Navigieren in der Benutzeroberfläche (UI)

Die Benutzeroberfläche von Path of Exile 2 wurde im Update „Dawn of the Hunt" erheblich verbessert, um ein intuitiveres und intensiveres Erlebnis zu bieten.

Wichtige UI-Elemente:

- **Gesundheits- und Mana-Kugeln:** Diese Kugeln befinden sich unten links und zeigen Ihren aktuellen Gesundheits- und Mana-Stand an. Die Überwachung dieser Kugeln ist entscheidend für das Überleben und den effektiven Einsatz Ihrer Fähigkeiten.

- **Fertigkeitsleiste:** Diese Leiste befindet sich unten in der Mitte und enthält Ihre aktiven Fertigkeiten. Sie können dieser Leiste Fertigkeiten zuweisen, um im Kampf schnell darauf zugreifen zu können.
- **Minikarte:** Die Minikarte oben rechts bietet eine komprimierte Ansicht Ihrer Umgebung und hilft Ihnen bei der Navigation und dem Auffinden von Zielen.
- **Inventar und Vorrat:** Greifen Sie mit der Standardtaste „I" auf Ihr Inventar zu und verwalten Sie dort Ihre Gegenstände. Der Vorrat ist in Städten und Siedlungen zur Aufbewahrung von Gegenständen zugänglich.
- **Quest-Log:** Dieses Log ist über die Taste „L" (Standard) zugänglich. Es verfolgt Ihre aktiven Quests und bietet Hinweise zu Ihren Zielen.
- **Charakterstatistiken:** Durch Drücken der Taste „C" (Standard) wird ein Fenster geöffnet, in dem die Attribute, Resistenzen und andere wichtige Statistiken Ihres Charakters angezeigt werden.

Neue UI-Funktionen in „Dawn of the Hunt":

- **Gruppenmitglieder beobachten:** Wenn Sie im Kampf sterben, haben Sie jetzt die Möglichkeit, Ihre Gruppenmitglieder zu beobachten. So können Sie Strategien entwickeln und von ihrem Spielstil lernen, bis Sie wieder zum Leben erwachen.
- **Minikarten-Overlay mit Controller:** Für Controller-Benutzer kann das Minikarten-Overlay

jetzt geschwenkt werden, was ein flexibleres Navigationserlebnis bietet.

- **Präsenzanzeige:** Wenn Sie mit der Maus über eine beliebige Instanz des Schlüsselworts „Präsenz" fahren, wird jetzt eine Anzeige um Ihren Charakter herum angezeigt, die Ihren Präsenzradius visualisiert und das strategische Gameplay verbessert.
- **Verbesserungen der Skill-Tooltips:** Wenn Sie mit der Maus über einen Skill in Ihrer Skill-Leiste fahren, wird jetzt eine verkürzte Beschreibung des Skill-Verhaltens angezeigt, mit der Aufforderung, das vollständige Skill-Informationsfenster für ausführlichere Einblicke zu öffnen.

Anpassen der Benutzeroberfläche:

Path of Exile 2 bietet mehrere Anpassungsoptionen, um die Benutzeroberfläche an Ihre Vorlieben anzupassen:

- **Größenänderung und Neupositionierung:** Während einige UI-Elemente fixiert sind, können Sie die Transparenz und Skalierung bestimmter Komponenten über das Einstellungsmenü anpassen.
- **Farbenblindheitsmodus:** Für Spieler mit Farbsehschwächen wird durch die Aktivierung des Farbenblindheitsmodus die Farbpalette der Benutzeroberfläche für eine bessere Sichtbarkeit geändert.
- **Audioeinstellungen:** Passen Sie Audiohinweise für verschiedene Ereignisse im Spiel an, z. B.

Warnungen bei niedrigem Gesundheitszustand oder das Aufheben von Gegenständen, um die Situationswahrnehmung zu verbessern.

2. Beherrschung der Steuerung und Tastenbelegung

Wenn Sie Ihre Steuerung verstehen und anpassen, können Sie Ihr Spielerlebnis erheblich verbessern und Aktionen intuitiver und reaktionsschneller gestalten.

Standard-Tastatursteuerung:

- **Bewegung:** Bewegen Sie Ihren Charakter mit den WASD-Tasten. Dieses Steuerungsschema ermöglicht unabhängige Bewegung und den Einsatz von Fähigkeiten und bietet so mehr Flexibilität in Kampfsituationen.
- **Angriff:** Klicken Sie mit der linken Maustaste, um einfache Angriffe auszuführen.
- **Verwendung von Fähigkeiten:** Weisen Sie Fähigkeiten den nummerierten Tasten (1–9) zu, um schnell darauf zugreifen zu können.
- **Interagieren:** Klicken Sie mit der rechten Maustaste, um mit NPCs, Objekten und plünderbaren Gegenständen zu interagieren.
- **Inventar öffnen:** Drücken Sie „I", um auf Ihr Inventar zuzugreifen.
- **Charakterstatistiken öffnen:** Drücken Sie „C", um die Charakterattribute anzuzeigen.
- **Quest-Log öffnen:** Drücken Sie „L", um aktive Quests anzuzeigen.

- **Karte:** Drücken Sie „M", um die vollständige Karte des Gebiets anzuzeigen.

Anpassen der Steuerelemente:

So passen Sie die Steuerung Ihren Wünschen an:

1. **Zugriff auf die Einstellungen:** Navigieren Sie zum Hauptmenü und wählen Sie „Optionen".
2. **Eingabeeinstellungen:** Unter der Registerkarte „Eingabe" können Sie die Tastenbelegungen für verschiedene Aktionen ändern.
3. **Controller-Unterstützung:** Path of Exile 2 bietet Controller-Unterstützung mit anpassbaren Layouts. Schließen Sie Ihren Controller an und passen Sie die Einstellungen im Bereich „Eingabe" an.

Erweiterte Tipps für ein verbessertes Gameplay:

- **Schnelles Casting:** Aktivieren Sie in den Einstellungen das schnelle Casting, um Fertigkeiten sofort und ohne Zielen einzusetzen und so die Reaktionszeiten im Kampf zu verbessern.
- **Beutefilter:** Passen Sie Beutefilter an, um gewünschte Gegenstände hervorzuheben und so die Identifizierung und Sammlung von Gegenständen effizienter zu gestalten.
- **Verbesserungen der Minikarte:** Passen Sie die Einstellungen der Minikarte an, um wichtige

Symbole wie Questziele und interessante Orte anzuzeigen und so die Navigation zu verbessern.

- **Leistungsoptimierung:** Passen Sie die Grafikeinstellungen an, um ein Gleichgewicht zwischen visueller Qualität und Spielleistung herzustellen und so ein reibungsloses Erlebnis zu gewährleisten, das auf die Fähigkeiten Ihres Systems zugeschnitten ist.

Ein umfassendes Verständnis der Benutzeroberfläche und Steuerung von Path of Exile 2 ist für ein erfülltes Spielerlebnis unerlässlich. Indem Sie diese Elemente nach Ihren Wünschen anpassen, können Sie die Komplexität des Spiels mühelos meistern und sich auf das Wesentliche konzentrieren: das Eintauchen in die faszinierende Welt von Wraeclast.

Denk daran: Bei deiner Reise durch Path of Exile 2 geht es genauso um persönliche Entdeckungen wie ums Gameplay. Passe die Benutzeroberfläche und die Steuerung an, um ein einzigartiges Spielerlebnis zu schaffen.

Frühe Spielmechaniken: Quests, Kampf und Erkundung

Wenn du dich in Path of Exile 2: Dawn of the Hunt auf die Reise machst , tauchst du in eine Welt voller Herausforderungen und Entdeckungen ein. Ein gründliches Verständnis der frühen Spielmechaniken – von Quests über Kämpfe bis hin zur Erkundung – ist für ein lohnendes Erlebnis unerlässlich. Dieser Abschnitt bietet detaillierte Einblicke und Strategien, um die ersten Phasen erfolgreich zu meistern.

1. Quests: Beginne deine Reise

Quests sind das Rückgrat Ihres Abenteuers, treiben die Erzählung voran und bieten wichtige Belohnungen, die die Entwicklung Ihres Charakters fördern.

Hauptquests: Diese Quests treiben die zentrale Handlung voran und schalten neue Bereiche und Features frei. So stellt dir die Eröffnungsquest beispielsweise die Jägerin vor, eine geschickte Kriegerin mit Speer, die den Weg für deine Reise ebnet.

Nebenquests: Optional, aber äußerst nützlich, bieten Nebenquests zusätzliches Wissen, Erfahrungspunkte und einzigartige Gegenstände. Durch die Teilnahme an diesen Quests können Sie die Spielwelt besser verstehen und die Fähigkeiten Ihres Charakters verbessern.

Beispiel für eine Quest-Komplettlösung:

- **„Ruf der Jagd":** Zu Beginn von Akt 1 musst du in dieser Quest eine verdorbene Bestie im Flüsterwald aufspüren. Für den erfolgreichen Abschluss erhältst du einen einzigartigen Unterstützungsedelstein, der deine Kampffähigkeiten verbessert.

Quest-Tipps:

- **Priorisieren Sie Hauptquests:** Sie sind für die Freischaltung wichtiger Bereiche und Spielfunktionen unerlässlich.
- **Nehmen Sie an Nebenquests teil:** Diese Quests bieten wertvolle Belohnungen und bereichern die gesamte Handlung.
- **Überwachen Sie das Quest-Log:** Überprüfen Sie regelmäßig Ihr Quest-Log, um über Ziele und Fortschritte auf dem Laufenden zu bleiben.

2. Kampf: Die Kunst des Kampfes meistern

Der Kampf in *Dawn of the Hunt* ist dynamisch und erfordert strategisches Denken und Anpassungsfähigkeit.

Fähigkeiteneinsatz: Rüste verschiedene Fähigkeiten aus und experimentiere mit ihnen, um Kombinationen zu finden, die zu deinem Spielstil passen. Die Jägerin kann verschiedene Gegnertypen effektiv bekämpfen, indem sie Nahkampfangriffe mit Speeren und Fernwürfen kombiniert.

Ressourcenmanagement: Behalten Sie Ihre Gesundheit und Ihr Mana-Niveau im Auge. Setzen Sie Fläschchen strategisch ein und stellen Sie sicher, dass sie in sicheren Zonen aufgefüllt werden, um Ihre Kampfkraft aufrechtzuerhalten.

Positionierung: Haltet je nach Angriffsart den optimalen Abstand ein. Nutzt die Umgebung zu eurem Vorteil, indem ihr Deckung sucht und Gegner in Engpässe drängt.

Kampftipps:

- **Experimentieren Sie mit Fähigkeiten:** Testen Sie verschiedene Fähigkeitskombinationen, um Synergien zu finden, die Ihre Kampfeffektivität verbessern.
- **Rüsten Sie Ihre Ausrüstung regelmäßig auf:** Verbessern Sie Ihre Waffen und Rüstung, um mit dem zunehmenden Schwierigkeitsgrad der Gegner Schritt zu halten.
- **Bleiben Sie mobil:** Bewegung ist entscheidend. Weichen Sie schweren Angriffen aus und positionieren Sie sich neu, um bei Begegnungen taktische Vorteile zu erlangen.

3. Erkundung: Navigation durch die Welt von Wraeclast

Die weitläufige Welt von Wraeclast ist reich an Geheimnissen und Herausforderungen und belohnt eine gründliche Erkundung.

Kartenkenntnis: Nutzen Sie die Minikarte, um unerforschte Gebiete, Questmarkierungen und interessante Orte zu identifizieren. Dieses Tool ist von unschätzbarem Wert für eine effiziente Navigation und stellt sicher, dass Sie keine wichtigen Orte verpassen.

Interagieren Sie mit NPCs: Nehmen Sie an Gesprächen mit nicht spielbaren Charakteren (NPCs) teil, um Wissen zu entdecken, Quests zu erhalten und auf Dienste wie Handel oder Handwerk zuzugreifen.

Versteckte Schätze:

Halten Sie Ausschau nach versteckten Pfaden oder zerstörbaren Objekten, die wertvolle Gegenstände oder Abkürzungen verbergen und so Ihre Erkundungsbelohnungen erhöhen könnten.

Explorationsstrategien:

- **Gründliche Erkundung:** Erkunden Sie jeden Bereich vollständig, um alle Quests, Beute und verborgenen Geheimnisse aufzudecken.
- **Merken Sie sich interessante Orte:** Markieren oder merken Sie sich die Standorte von Händlern, Handwerksstationen und anderen wichtigen NPCs für zukünftige Besuche.
- **Seien Sie vorbereitet:** In manchen Gebieten lauern möglicherweise gewaltige Feinde. Stellen Sie sicher, dass Sie ausreichend ausgerüstet und auf dem richtigen Level sind, bevor Sie sich in unbekannte Gebiete wagen.

Das Verständnis der frühen Spielmechaniken von Quests, Kämpfen und Erkundungen in *Path of Exile 2: Dawn of the Hunt* legt den Grundstein für ein erfüllendes und fesselndes Abenteuer. Indem du dich aktiv mit den Spielsystemen auseinandersetzt und flexibel bleibst, bist du bestens gerüstet für die unzähligen Herausforderungen, die vor dir liegen.

Denken Sie daran: Jede Entscheidung prägt Ihre Reise. Geben Sie sich der Jagd hin und lassen Sie Ihren Weg sich entfalten.

Häufige Fehler und wie man sie vermeidet

Dieses Spiel bietet ein reichhaltiges und komplexes Erlebnis. Allerdings können bestimmte häufige Fehler Ihren Fortschritt und Ihr Spielvergnügen beeinträchtigen. Das Verständnis dieser Fallstricke und die Umsetzung von Strategien zu deren Vermeidung wird Ihr Abenteuer bereichern.

1. Vernachlässigung der Defensivstatistiken

Falle: Wenn Sie sich ausschließlich auf offensive Fähigkeiten konzentrieren, ohne in die Verteidigung zu investieren, kann Ihr Charakter verwundbar werden.

Lösung: Balancieren Sie Ihren Build, indem Sie Punkte für defensive Werte wie Resistenzen, Leben und Ausweichen vergeben. Dieser Ansatz sichert das Überleben in herausfordernden Begegnungen. Wie in Community-Diskussionen hervorgehoben wurde, ist die Überbetonung der Offensive auf Kosten der Defensive ein häufiger Fehler.

2. Ineffizientes Skill Tree Pathing

Falle: Ein verschlungener Weg durch den passiven Fähigkeitsbaum kann zu verschwendeten Punkten und einem unterlegenen Charakter führen.

Lösung: Planen Sie Ihren Skill Tree-Fortschritt im Voraus und achten Sie auf Effizienz, indem Sie Knoten auswählen, die Ihrem geplanten Build direkt zugute kommen. Community-Build-Leitfäden können Ihnen einen Leitfaden für effektives Pathing bieten. Falsches Pathing ist ein häufiges Problem, das zu erheblichen Verlusten führen kann, wenn es nicht behoben wird.

3. Missverständnisse bei den Synergien von Fertigkeits- und Unterstützungsedelsteinen

Fallstrick: Die Kombination inkompatibler Fertigkeits- und Unterstützungs-Edelsteine kann zu einer suboptimalen Leistung führen.

Lösung: Informiere dich über das Zusammenspiel verschiedener Edelsteine. Beispielsweise führt die Kombination einer Fertigkeit, die Schaden über Zeit verursacht, mit einem Unterstützungsedelstein, der kritische Treffer verstärkt, möglicherweise nicht zum gewünschten Effekt. Das Verständnis dieser Mechanismen ist entscheidend, um das Potenzial deines Builds zu maximieren.

4. Horten von Währungsgegenständen

Fallstrick: Das Aufbewahren aller Währungsgegenstände für die spätere Verwendung kann in den frühen und mittleren Spielphasen zu unnötigen Schwierigkeiten führen.

Lösung: Nutze Währungsgegenstände, um deine Ausrüstung im Laufe des Spiels zu verbessern. Diese Strategie hilft, einen Charakter zu behalten, der für aktuelle Herausforderungen gut gerüstet ist und so einen reibungsloseren Fortschritt ermöglicht. Das Festhalten an Währungsgegenständen, ohne sie zu nutzen, kann die Entwicklung deines Charakters behindern.

5. Ignorieren der Aufstiegssynergie

Falle: Die Auswahl einer Ascendancy-Klasse, die nicht zu Ihrem Haupt-Build passt, kann die Effektivität Ihres Charakters einschränken.

Lösung: Recherchiere die Ascendancy-Optionen und wähle eine, die zu den Stärken und dem Spielstil deines Builds passt. Diese Ausrichtung verbessert die Fähigkeiten und die Gesamtleistung deines Charakters. Eine fundierte Ascendancy-Wahl ist entscheidend, um das Potenzial deines Builds zu maximieren.

6. Vernachlässigung der Flaschenverwaltung

Fallstrick: Wenn Sie es versäumen, Flaschen aufzurüsten und richtig zu nutzen, kann Ihnen das im Kampf einen Nachteil verschaffen.

Lösung: Bewerten und verbessern Sie Ihre Flasks regelmäßig und passen Sie sie an Ihre aktuellen Bedürfnisse an. Effektives Flask-Management bietet in verschiedenen Situationen entscheidende Vorteile. Stellen Sie sicher, dass Ihre Flasks aktuell und für Ihre Begegnungen geeignet sind.

7. Bewegungsfähigkeiten ignorieren

Fallstrick: Wenn Sie in Ihren Aufbau keine Bewegungsfähigkeiten integrieren, kann dies Ihre Fähigkeit beeinträchtigen, Schlachten effektiv zu meistern.

Lösung: Integrieren Sie Bewegungsfähigkeiten, um die Mobilität zu verbessern und so strategische Positionierung und schnelle Fluchtmöglichkeiten bei Bedarf zu ermöglichen. Bewegungsfähigkeiten sind sowohl für die Offensive als auch für die Defensive von unschätzbarem Wert und ermöglichen eine bessere Kontrolle im Gefecht.

8. Keine Anpassung an neue Inhalte

Falle: Das starre Festhalten an veralteten Strategien ohne Berücksichtigung neuer Inhalte und Balanceänderungen kann den Fortschritt behindern.

Lösung: Bleiben Sie über Spiel-Updates informiert und passen Sie Ihren Build und Ihre Taktik entsprechend an. Flexibilität und Anpassungsfähigkeit sind der Schlüssel zum Erfolg in der sich ständig weiterentwickelnden Welt von *Path of Exile 2*. Die Berücksichtigung neuer Inhalte und die Anpassung Ihrer Strategien sichern Ihren anhaltenden Erfolg.

Indem Sie sich dieser häufigen Fallstricke bewusst sind und die vorgeschlagenen Lösungen umsetzen, können Sie Ihr Erlebnis in *Path of Exile 2: Dawn of the Hunt verbessern* . Strategische Planung, kontinuierliches Lernen und Anpassungsfähigkeit sind wesentliche Bestandteile einer erfolgreichen Reise durch Wraeclast.

Denken Sie daran: Jede Entscheidung prägt Ihren Weg. Bleiben Sie wachsam, planen Sie klug und nehmen Sie die bevorstehenden Herausforderungen an.

Erweiterte Einblicke für erfahrene Spieler

Übergang von Path of Exile zu Path of Exile 2

Die Erweiterung „Dawn of the Hunt" von Path of Exile 2 bringt bedeutende Änderungen mit sich, die die Spielmechanik, die Fähigkeitsbäume und die Handwerkssysteme grundlegend verändern. Für erfahrene Spieler, die von Path of Exile (PoE) zu PoE 2 wechseln, ist das Verständnis dieser Unterschiede entscheidend, um Strategien anzupassen und das Gameplay zu optimieren.

1. Wichtige Unterschiede in der Mechanik

PoE 2 baut auf den Grundlagen seines Vorgängers auf und führt gleichzeitig bemerkenswerte Änderungen ein, die sich auf Gameplay und Strategie auswirken.

- **Überarbeitung des Klassensystems:** Die Einführung der Jägerin bringt neue Dynamik in die Charakterentwicklung. Diese Klasse trägt Speer und Rundschild und kombiniert Nah- und Fernkampf. Einzigartige Fähigkeiten wie der reitbare Vogelbegleiter und die Fähigkeit, Monsterseelen zu fangen, bieten neue taktische Optionen.

- **Überarbeitungen der Aufstiegsklassen:** Bestehende Klassen erhalten neue Aufstiegspfade, die jeweils unterschiedliche Spielstile und Fähigkeiten bieten. Beispielsweise konzentriert sich der Taktiker des Söldners auf die Kontrolle des Schlachtfelds, während der Schmied von Kitava des Kriegers den Schwerpunkt auf Waffenherstellung und Kampfgeschick legt.
- **Änderungen an der Endspielstruktur:** Das Endspielerlebnis wird durch die Einführung von Corrupted Nexuses und der Möglichkeit, Gebiete zu säubern, neu strukturiert. Dies wirkt sich auf Kartenmodifikatoren und Belohnungen aus. Diese Änderung erfordert von Veteranen, ihre Endspielstrategien zu überdenken und sich an neue Herausforderungen anzupassen.

2. Anpassungen des Fähigkeitsbaums

Der passive Fähigkeitsbaum erfährt erhebliche Änderungen, was eine Neubewertung der Build-Strategien erforderlich macht.

- **Möglichkeiten zur Neuverteilung:** Mit der Erweiterung „Dawn of the Hunt" haben Spieler die Möglichkeit, ihre passiven Fähigkeitsbäume neu zu verteilen. Dies ermöglicht das Experimentieren mit neuen Aufstiegspfaden und Fähigkeitskombinationen, ohne von vorne beginnen zu müssen.
- **Neue passive Knoten:** Der erweiterte Baum enthält neue Knoten, die anders mit bestehenden

Fähigkeiten und Gegenständen interagieren. Erfahrene Spieler sollten diese Knoten erkunden, um ihre Builds entsprechend der aktualisierten Mechanik zu optimieren.

3. Entwicklung des Handwerkssystems

Das Handwerk wird grundlegend überarbeitet und bietet erfahrenen Handwerkern sowohl Chancen als auch Herausforderungen.

- **Rekombinationsherstellung:** Dieses neue System ermöglicht es Spielern, Gegenstände zu verschmelzen und jeweils die gewünschten Modifikatoren auszuwählen. Ein Fehlschlag führt jedoch zur Zerstörung beider Gegenstände, was die Herstellung zu einem risikoreichen, aber auch lohnenden Element macht.
- **Fracturing Orbs:** Diese Orbs sperren einen zufälligen Modifikator auf einem seltenen Gegenstand und verhindern so, dass dieser während der Herstellung verändert wird. Diese Funktion bietet Veteranen, die ihre Ausrüstung perfektionieren möchten, eine zusätzliche Strategieebene.

4. Strategien für neue Inhalte anpassen

Die Erweiterung führt neue Inhalte ein, die von Veteranen eine Anpassung ihrer Strategien erfordern.

- **Azmerianische Irrlichter:** Diese Wesen verleihen Monstern, die sie berühren, Macht und sorgen so für dynamische Begegnungen. Veteranen sollten Strategien entwickeln, um mit diesen verstärkten Gegnern fertig zu werden und die Belohnungen, die sie bieten, zu nutzen.
- **Rogue Exiles:** Spielerähnliche NPCs mit einzigartigen Fähigkeiten und Ausrüstung stellen unvorhersehbare Herausforderungen dar. Wer sie besiegt, erhält wertvolle Beute und ermutigt Veteranen, sich dieser neuen Bedrohung zu stellen.

5. Empfehlungen für einen reibungslosen Übergang

Um den Übergang zu PoE 2 erfolgreich zu gestalten und die damit verbundenen Angebote umfassend zu nutzen, sollten Veteranen die folgenden Strategien in Betracht ziehen:

- **Neuanfang:** Durch die Erstellung eines neuen Charakters können Spieler die aktualisierten Mechaniken und Inhalte aus erster Hand erleben und erhalten so ein umfassendes Verständnis der Änderungen.
- **Engagieren Sie sich in der Community:** Durch die Teilnahme an Foren und Diskussionen können Sie Strategien austauschen, optimale Builds finden und über laufende Änderungen auf dem Laufenden bleiben.

- **Experimentieren Sie mit Builds:** Nutzen Sie das Respec-System, um verschiedene Aufstiegspfade und Fertigkeitskombinationen auszuprobieren und Spielstile zu finden, die mit dem neuen System harmonieren.

Wichtige Änderungen in „Dawn of the Hunt"

Die am 4. April 2025 veröffentlichte Erweiterung „Dawn of the Hunt" von Path of Exile 2 bringt erhebliche Änderungen mit sich, die sich auf Gameplay, Build-Strategien und das gesamte Meta auswirken. Das Verständnis dieser Änderungen ist sowohl für neue als auch für erfahrene Spieler entscheidend, die ihr Spielerlebnis optimieren möchten.

1. Meta-Verschiebungen

- **Überarbeitungen von Klassen und Aufstiegsstufen:** Die Einführung der Jägerin-Klasse und neuer Aufstiegsstufen hat die Anzahl möglicher Builds erhöht. Insbesondere die Aufstiegsstufe „Schmied von Kitava" des Kriegers bietet einen einzigartigen Spielstil, der sich auf die Herstellung von Waffen und Rüstungen mitten im Kampf konzentriert und sowohl Angriff als auch Verteidigung verbessert.
- **Fertigkeiten-Balancing:** Viele Fertigkeiten wurden angepasst. Einige erhielten

Schadensreduzierungen, andere Verbesserungen. Beispielsweise wurden „Falkentechnik" und „Meisterhafte Pfeilkunst" abgeschwächt, während bestimmte Streitkolben-Fertigkeiten verbessert wurden, was die Effektivität verschiedener Builds beeinträchtigte. Darüber hinaus wurden viele Fertigkeiten neu ausbalanciert, wobei einige erhebliche Änderungen erfuhren. Beispielsweise hat die Fertigkeit „Erzmagier" jetzt einen Kostenmultiplikator von 115 % (vorher 100 %) und bewirkt, dass unterstützte Zauber 35 % mehr Schaden verursachen (vorher 40 %). Solche Anpassungen erfordern eine Neubewertung der Fertigkeitsauswahl und Build-Optimierungen.

- **Neugewichtung der Endgame-Inhalte:** Die Überarbeitung der Endgame-Türme mit reduzierter Anzahl, aber erhöhter Stärke erfordert strategische Anpassungen. Die Einführung von Corrupted Nexuses und die Notwendigkeit, Corruption-Zonen zu säubern, erhöhen zudem die Komplexität der Endgame-Strategien.

2. Neue Artikelinteraktionen

- **Rekombinationsherstellung:** Dieses System ermöglicht es Spielern, Gegenstände zu verschmelzen und jeweils die gewünschten Modifikatoren auszuwählen. Ein Fehlschlag führt jedoch zur Zerstörung beider Gegenstände, was die Herstellung mit hohem Risiko, aber auch hohem Gewinn birgt.

- **Bruchkugeln:** Diese Kugeln sperren einen zufälligen Modifikator auf einem seltenen Gegenstand und verhindern so, dass dieser während der Herstellung verändert wird. Diese Funktion bietet Spielern, die ihre Ausrüstung perfektionieren möchten, eine zusätzliche Strategieeebene.
- **Neue einzigartige Gegenstände:** Über 100 neue einzigartige Gegenstände wurden eingeführt, die jeweils unterschiedliche Eigenschaften bieten und verschiedene Builds ergänzen. Insbesondere der Gürtel „Infernal Clasp" und der Schild „Rise of the Phoenix" verbessern die Elementarresistenz und tragen so zur Optimierung der Verteidigung bei.

3. Balance-Änderungen

- **Turmanpassungen:** Die Anzahl der Türme wurde reduziert, doch jeder einzelne hat nun einen größeren Einfluss, skaliert mit den Wegsteinstufen und beeinflusst mehr Karten. Diese Änderung erfordert, dass Spieler ihre Endspielstrategien an die neue Turmdynamik anpassen.
- **Monster-Skalierung:** Anpassungen an Gesundheit, Schaden und Dichte der Monster sollen für ein ausgewogeneres und herausfordernderes Erlebnis sorgen und die Spieler dazu ermutigen, ihre Kampfstrategien zu verfeinern.

Anpassung an das neue Meta: Strategien und Builds

*Die Anpassung an die Erweiterung „Dawn of the Hunt"
erfordert eine sorgfältige Berücksichtigung von
Klassenstärken, Fähigkeitssynergien und
Gegenstandsinteraktionen. Nachfolgend finden Sie
optimierte Build-Vorschläge für verschiedene Spielstile,
die die neuesten Änderungen berücksichtigen.*

1. Krieger-Build: Schmied von Kitava

Spielstil: Ein defensives Kraftpaket mit Fokus auf hohem
Elementarwiderstand und physischer
Schadensminderung, ideal für Einsteiger, die einen
unkomplizierten, aber effektiven Build suchen.

- **Aufstieg:** Schmied von Kitava
- **Pfadfindung im passiven Fähigkeitsbaum:**
  - Priorisieren Sie Knoten, die die
    Schildabwehr, Lebensdauer und
    Feuerresistenz verbessern.
  - Verteilen Sie Punkte, um die Dauer und
    den Wirkungsbereich der Verhöhnung zu
    erhöhen und so die Bedrohungserzeugung
    zu maximieren.
- **Artikelauswahl:**
  - **Waffe:** „Kitavas Wut" – Eine Keule, die
    einen Teil des physischen Schadens in
    Feuer umwandelt und die Effektivität von
    Spott erhöht.

- o **Rüstung:** „Flammengeschmiedete Platte" – Gewährt hohe Feuerresistenz, Leben und die Chance, Angreifer in Brand zu setzen.
- o **Zubehör:** Gürtel „Infernal Clasp" – Erhöht die maximale Feuerresistenz und gewährt Lebensraub.
- **Schlüsselmechanik:**
  - o Wandeln Sie Feuerbeständigkeit in Kälte- und Blitzbeständigkeit um.
  - o Skalieren Sie die maximale Feuerresistenz auf 90 %.
  - o Mildern Sie physischen Schaden, indem Sie ihn in Feuer umwandeln.
  - o Reduzieren Sie den durch Rüstungsskalierung erlittenen Chaosschaden.
- **Hauptfähigkeiten:**
  - o **Geschmolzener Schlag:** Ein Nahkampfangriff, der physischen Schaden in Feuer umwandelt und Flächenschaden verursacht.
  - o **Schildschlag:** Eine Verteidigungsfertigkeit, die Feinde betäubt und verletzt und so Bedrohung erzeugt.
  - o Flammenstoß
  - o Schildschlag
- **Aszendenzknoten:**
  - o Smiths Meisterwerk
  - o Kaltlager
  - o Schmiede in Flammen
  - o Fließendes Metall

- o Widmung an Kitava
- o Geschmolzenes Symbol
- o Gravur der Innenschicht oder Kitavan
- **Ausrüstungsempfehlungen:**
  - o **Höllenverschluss (Gürtel):** Bietet bis zu 60 % Feuerwiderstand und +5 % maximalen Feuerwiderstand.
  - o **Aufstieg des Phönix (Schild):** Bietet +5 % maximale Feuerresistenz.
  - o **Zubehör:** Konzentrieren Sie sich auf Gegenstände mit hoher Feuerbeständigkeit, um die Verteidigungsstrategie des Builds zu ergänzen.

Hinweis: Angesichts der jüngsten Balanceänderungen, einschließlich Nerfs für bestimmte Fähigkeiten, wird empfohlen, mit diesem Build zu experimentieren, um sicherzustellen, dass es zu Ihrem Spielstil und dem aktuellen Meta passt.

2. Jägerin-Build: Amazon

Spielstil: Ein vielseitiger Fernkämpfer, der Speerfähigkeiten nutzt, um aus der Distanz Schaden zu verursachen. Geeignet für Spieler, die Beweglichkeit und taktischen Kampf bevorzugen.

- **Aufstieg:** Amazon
- **Schlüsselmechanik:**
  - o Meisterung von Speerangriffen im Nah- und Fernkampf.

46

- o Verbesserte Mobilität und Ausweichmöglichkeiten, um sich effektiv auf dem Schlachtfeld zu bewegen.
- **Hauptfähigkeiten:**
  - o Javazon-Leveling
  - o **Speerwurf:** Ein Fernangriff, der Feinde aufspießt und erheblichen Schaden verursacht. Lazy Lightning Spear
  - o **Wirbelwindhieb:** Eine Nahkampffertigkeit, die umstehenden Gegnern Schaden zufügt und sie schwächt.
- **Aufstiegsknoten:** Maßgeschneidert, um die Effektivität und Überlebensfähigkeit im Speerkampf zu verbessern.
- **Pfadfindung im passiven Fähigkeitsbaum:**
  - o Konzentrieren Sie sich auf Knoten, die den Speerschaden, die Angriffsgeschwindigkeit und die Chance auf einen kritischen Treffer verbessern.
  - o Investieren Sie in Geschicklichkeits- und Ausweichcluster, um die Überlebenschancen und den Schaden zu erhöhen.
- **Artikelauswahl:**
  - o **Waffe:** „Azmeri-Speer" – Erhöht den Schaden durch Speerfertigkeiten und fügt Feuerschaden hinzu.
  - o **Rüstung:** „Mantel des Jägers" – Bietet Geschicklichkeit, Ausweichen und Lebensraub.

47

- o **Zubehör:** Ringe „Amazon's Resolve" – Verbessern Sie Speerfertigkeiten und gewähren Sie zusätzliche Projektile.
- **Ausrüstungsempfehlungen:**
  - o Gegenstände, die den Speerschaden und die Angriffsgeschwindigkeit erhöhen.
  - o Ausrüstung, die Ausweichmanöver und Bewegungsgeschwindigkeit steigert und so die Beweglichkeit verbessert.

Hinweis: Angesichts der jüngsten Nerfs bestimmter Fähigkeiten ist es ratsam, diesen Build im aktuellen Patch zu testen, um seine Realisierbarkeit zu beurteilen.

3. Zauberin-Build: Ritualistin

Spielstil: Ein Zauberer, der Elementarkräfte und Flüche nutzt, um das Schlachtfeld zu kontrollieren. Ideal für Spieler, die strategische Kämpfe mögen.

- **Aufstieg:** Ritualist
- **Schlüsselmechanik:**
  - o Verwendet Elementarzauber und Flüche, um Feinde zu schwächen und den Schaden zu erhöhen.
- **Hauptfähigkeiten:**
  - o Feuermönch
  - o Höllenbeschwörer
- **Aufstiegsknoten:** Konzentrieren sich auf die Verstärkung von Elementarschaden und Fluchwirksamkeit.
- **Ausrüstungsempfehlungen:**

- ○ Gegenstände, die den Elementarschaden und die Zaubergeschwindigkeit erhöhen.
- ○ Zubehör, das fluchbezogene Fähigkeiten und Effekte verbessert.

Anpassungsstrategien:

- **Auswahl der Fähigkeiten:** Wählen Sie Fähigkeiten, die zu den Stärken Ihrer Klasse und den aktuellen Meta-Anpassungen passen.
- **Itemisierung:** Rüste dich mit Ausrüstung aus, die die Mechanik deines Builds ergänzt, und konzentriere dich auf Synergien, die die Gesamtleistung verbessern.
- **Balance zwischen Verteidigung und Angriff:** Stellen Sie sicher, dass Ihr Build über ausreichende Verteidigung verfügt, ohne den Schaden zu beeinträchtigen, und passen Sie sich den neuen Balanceänderungen an.

Wenn Sie durch Community-Diskussionen und offizielle Updates auf dem Laufenden bleiben, können Sie Ihre Strategien und Builds als Reaktion auf die sich entwickelnde Meta weiter verfeinern.

Detaillierte Erkundung der Jägerinnen-Klasse

In Path of Exile 2: Dawn of the Hunt erweist sich die Jägerin als dynamische und vielseitige Klasse, die Agilität mit einem einzigartigen Kampfstil verbindet, der sie von anderen Klassen unterscheidet.

Einführung in die Jägerin: Überlieferung und Spielstil

Überlieferung:

Die Jägerin stammt aus dem Stamm der Azmeri, einer Gesellschaft, die tief in Tradition und Ritual verwurzelt ist. Ihre Vertreibung aus ihrer Heimat verleiht ihrem Charakter Tiefe und treibt sie dazu an, die Kunst der Jagd und des Überlebens in fremden Ländern zu meistern. Diese Hintergrundgeschichte beeinflusst ihre Fähigkeiten und betont sowohl den Fern- als auch den Nahkampf sowie eine tiefe Verbundenheit zur Natur.

Spielstil:

Die Jägerin bietet ein hybrides Kampferlebnis, das Nah- und Fernkampfangriffe nahtlos integriert. Ihre Hauptwaffe, der Speer, ermöglicht vielseitige Kampfstrategien:

- **Nahkampf:** Greifen Sie Feinde aus nächster Nähe mit schnellen Speerschlägen an und nutzen Sie ihre Beweglichkeit, um um Feinde herum zu manövrieren.
- **Fernkampf:** Nutzen Sie Angriffe mit geworfenen Speeren, um aus der Distanz zuzuschlagen, was Ihnen Flexibilität in verschiedenen Kampfszenarien bietet.

Diese Dualität ermutigt die Spieler, ihre Taktik anzupassen und je nach den Anforderungen des Schlachtfelds fließend zwischen Nah- und Fernkampfeinsätzen zu wechseln.

Vergleich mit anderen Klassen:

- **Ranger:** Sowohl die Jägerin als auch der Ranger basieren auf Geschicklichkeit, wobei sich die Jägerin durch ein breiteres Kampfwerkzeug auszeichnet. Im Gegensatz zum Ranger, der sich hauptsächlich auf Fernangriffe mit dem Bogen konzentriert, kombiniert die Jägerin den Speerkampf mit einzigartigen Fähigkeiten wie dem Parieren und Zähmen von Bestien und bietet so einen vielfältigeren und strategischeren Spielstil.
- **Mönch:** Der Mönch legt den Schwerpunkt auf Nahkampf mit Elementarverstärkungen, während die Jägerin Nah- und Fernkampfangriffe ausbalanciert und durch Fallen und Tiergefährten ergänzt. Diese Balance bietet einen anderen taktischen Ansatz und richtet sich an Spieler, die

51

Vielseitigkeit und Anpassungsfähigkeit im Kampf schätzen.

- **Zauberin:** Als Zauberin verlässt sich die Zauberin auf Elementarmagie und bietet einen einzigartigen Spielstil, der sich auf das Zaubern konzentriert. Im Gegensatz dazu kombiniert die Jägerin physische Speerangriffe mit Elementarfähigkeiten und bietet so ein hybrides Kampferlebnis, das physisches Können mit magischen Elementen verbindet.

Kurz gesagt: Die Jägerin-Klasse in *Path of Exile 2* bietet einen vielseitigen und fesselnden Spielstil, der körperliche Beweglichkeit mit elementarer Stärke verbindet. Ihre einzigartigen Fähigkeiten und ihr hybrider Kampfansatz heben sie von anderen Klassen ab und bieten Spielern ein frisches und strategisches Erlebnis in der weitläufigen Welt des Spiels.

Waffenspezialisierung: Speere und Rundschilde meistern

In *Path of Exile 2: Dawn of the Hunt* führt die Jägerin einen einzigartigen Kampfstil ein, indem sie Speer und Rundschild trägt und Nah- und Fernkampfangriffe mit defensiven Manövern kombiniert. Um diese Waffen zu meistern, ist es wichtig, bestimmte Gegenstände, Fähigkeitensynergien und Schadensberechnungen zu verstehen, um die Leistung zu optimieren.

1. Beispiele für Speere und Buckler

Speere:

- **Ironhead Spear:** Bietet eine ausgewogene Mischung aus Geschwindigkeit und Schaden, geeignet für Nah- und Fernkampfeinsätze.
- **Jagdspeer:** Dieser Speer ist auf Beweglichkeit ausgelegt und ermöglicht schnelle Angriffe und verbessert die Chance auf kritische Treffer – ideal für Hit-and-Run-Taktiken.
- **Geflügelter Speer:** Bietet größere Reichweite und Schaden, ist effektiv zur Kontrolle von Menschenmengen und zum gleichzeitigen Angreifen mehrerer Feinde.

Rundschilde:

- **Uralter Rundschild:** Gleicht Ausweichen und Energieschild aus, verbessert die Überlebenschancen und erhält gleichzeitig die Mobilität.
- **Spikeward Buckler:** Konzentriert sich auf Ausweichen und physischen Widerstand und bietet erhöhten Schutz gegen physische Angriffe.

2. Kompetenzsynergien

Die Fähigkeiten der Jägerin sind so konzipiert, dass sie ihre Waffen ergänzen und effektive Synergien schaffen:

- **Parieren und Rückzug:** Mit der Parierfähigkeit des Bucklers kann die Jägerin Angriffe abwehren, Gegner betäuben und verwundbar machen. Der anschließende Rückzug – ein Rückwärtssalto, der Raserei-Ladungen gewährt – erhöht die Beweglichkeit und den Schaden.

- **Elementarinfusion:** Durch die Kombination von Speerangriffen mit Elementarinfusionen werden Angriffen Elementarschaden hinzugefügt, wodurch Möglichkeiten für verschiedene Schadensarten und strategische Kämpfe geschaffen werden.

3. Schadensberechnungen

Um die Kampfeffektivität der Huntress zu maximieren, ist es entscheidend, die Schadensberechnungen zu verstehen:

- **Physischer Schaden:** Berechnet durch Berechnung des Durchschnittswerts der physischen Schadensreichweite der Waffe und Multiplikation mit der Angriffsgeschwindigkeit.
- **Elementarschaden:** Wird Angriffen durch Fertigkeiten oder Gegenstände hinzugefügt und trägt zum Gesamtschaden bei.
- **Kritische Trefferchance:** Erhöht sich durch die Steigerung der Genauigkeit, wobei sich überschüssige Genauigkeit in eine erhöhte kritische Trefferchance umwandelt. Diese Mechanik fördert das Stapeln von Genauigkeit, um den kritischen Schaden zu erhöhen.

4. Empfehlungen zur Meisterung

- **Waffenauswahl:** Wählen Sie Speere und Rundschilde, die zu Ihrem gewünschten Spielstil passen und Schaden, Verteidigung und Nutzen ausgleichen.
- **Fertigkeitsrotation:** Entwickeln Sie eine Sequenz, die Parieren, Elementarangriffe und Bewegungsfertigkeiten nutzt, um im Kampf die Kontrolle und Anpassungsfähigkeit zu behalten.
- **Attributzuweisung:** Konzentrieren Sie sich auf Attribute, die die Effektivität der Waffe verbessern, wie etwa Genauigkeit für kritische Treffer und Geschicklichkeit zum Ausweichen.

Wenn Sie diese Aspekte verstehen und umsetzen, können Sie den einzigartigen Kampfstil der Jägerin effektiv meistern und Ihre Herangehensweise an die verschiedenen Herausforderungen in *Path of Exile 2: Dawn of the Hunt anpassen* .

Fähigkeitenübersicht: Über 20 einzigartige Fähigkeiten der Jägerin

Die Jägerin-Klasse bietet eine Vielzahl von Fähigkeiten, die Nah- und Fernkampf kombinieren und den Spielern einen dynamischen und vielseitigen Spielstil ermöglichen. Nachfolgend finden Sie eine detaillierte Übersicht dieser Fähigkeiten, einschließlich ihrer Skalierungsattribute, Interaktionen und empfohlenen Anwendung.

1. Grundlegende Speerfähigkeiten

- **Speer von Solaris**
  - o **Beschreibung:** Beschwört einen strahlenden, mit Sonnenenergie erfüllten Speer, der auf Feinde geschleudert werden kann, um erheblichen Feuerschaden zu verursachen und einen brennenden Boden zu hinterlassen.
  - o **Skalierung:** Verbessert durch Modifikatoren für erhöhten Feuerschaden, Wirkungsbereich und Projektilgeschwindigkeit.
  - o **Interaktionen:** Feinde, die auf dem brennenden Boden stehen, erleiden kontinuierlichen Feuerschaden und die Fertigkeit ist gegen von „Entzünden" betroffene Feinde effektiver.
  - o **Verwendung:** Ideal zum Sperren von Gebieten und zum Verursachen von anhaltendem Feuerschaden bei Gruppen von Feinden, insbesondere in Kombination mit anderen feuerbasierten Fähigkeiten.

- **Wirbelnder Hieb**
  - o *Beschreibung:* Entfesselt einen wirbelnden Speerwirbel um die Jägerin, der Gegnern in seinem Umkreis Schaden zufügt und sie blendet.
  - o *Skalierung:* Verbessert durch erhöhte physische und Flächenschadensmodifikatoren.
  - o *Interaktionen:* Absorbiert Elementarschaden über Zeiteffekte im Bereich und erfüllt den Wirbelsturm mit diesem Element.

56

- o *Verwendung:* Ideal zur Kontrolle von Menschenmengen und zum Einleiten von Kämpfen, insbesondere in Kombination mit Elementarinfusionen.
- **Twister**
  - o *Beschreibung:* Beschwört einen Tornado, der Feinde sucht, von Oberflächen abprallt und Schaden verursacht.
  - o *Skalierung:* Profitiert von erhöhtem Elementarschaden und Projektilmodifikatoren.
  - o *Interaktionen:* Wenn es innerhalb eines Wirbelhiebs gewirkt wird, löst es mehrere größere Tornados mit erhöhtem Schaden aus.
  - o *Verwendung:* Wirksam, um Feinde aus der Entfernung zu belästigen und Formationen zu stören.
- **Lösen**
  - o *Beschreibung:* Führt einen schnellen Rückwärtssalto aus, der den Gegnern vor ihm Schaden zufügt und Abstand schafft.
  - o *Skalierung:* Verbessert sich durch erhöhten physischen Schaden und Verbesserungen der Mobilität.
  - o *Interaktionen:* Das Schlagen eines parierten Gegners mit „Disengage" verursacht eine Explosion und gewährt eine Raserei-Ladung.
  - o *Verwendung:* Wird sowohl offensiv zum Verursachen von Schaden als auch

defensiv zur Neupositionierung verwendet.

- **Explosiver Speer**
  - *Beschreibung:* Wirft einen Speer, der im Boden stecken bleibt und nach einer Verzögerung explodiert, wobei er umstehende Feinde in Brand setzt.
  - *Skalierung:* Erhöht sich mit physischen und Feuerschadensmodifikatoren.
  - *Interaktionen:* Der Verbrauch von Raserei-Ladungen verstärkt die Explosion und hinterlässt einen brennenden Bodeneffekt.
  - *Verwendung:* Strategisch zur Gebietssperrung und zum Umgang mit Feindgruppen.
- **Blitzspeer**
  - *Beschreibung:* Schleudert einen blitzdurchsetzten Speer, der sich auf mehrere Ziele überträgt und elektrischen Schaden verursacht.
  - *Skalierung:* Erweitert durch erhöhte Elementar- und Blitzschadensmodifikatoren.
  - *Interaktionen:* Hinterlässt einen schockauslösenden Bodeneffekt, der Whirling Slash mit Blitzen erfüllen kann.
  - *Verwendung:* Optimal für den Angriff auf Gruppen und die Ausnutzung der Schwächen des Gegners gegenüber Blitzangriffen.
- **Sturmlanze**

58

- *Beschreibung:* Rammt einen Speer in den Boden und sendet mit der Zeit Blitzbögen zu nahen Feinden aus.
- *Skalierung:* Verbessert durch erhöhte Blitz- und Flächenschadensmodifikatoren.
- *Interaktionen:* Wirkt synergetisch mit „Donnernder Sprung", um nahe Speere zur Explosion zu bringen und zusätzlichen Schaden zu verursachen.
- *Verwendung:* Wirksam für anhaltenden Flächenschaden und zur Kontrolle des Raums während Schlachten.

- **Donnernder Sprung**
  - *Beschreibung:* Springt in die Luft, um nach einem im Boden steckenden Speer zu schlagen und eine zerstörerische Explosion zu verursachen.
  - *Skalierung:* Verbessert sich durch erhöhte physische und Flächenschadensmodifikatoren.
  - *Interaktionen:* Funktioniert im Tandem mit Fertigkeiten wie „Sturmlanze" und „Schneller Angriff", um Speerexplosionen auszulösen.
  - *Verwendung:* Ideal zum Beginnen von Kämpfen, Entkommen aus gefährlichen Situationen oder Maximieren des Schadens durch die Detonation mehrerer Speere.

- **Schneller Angriff**

- *Beschreibung:* Führt eine Reihe schneller Speerstöße aus, wobei der letzte Schlag einen Speer in das Ziel treibt.
- *Skalierung:* Profitiert von erhöhter Angriffsgeschwindigkeit und physischen Schadensmodifikatoren.
- *Interaktionen:* Der steckengebliebene Speer kann mit „Donnernder Sprung" zur Explosion gebracht werden, was strategische Tiefe verleiht.
- *Verwendung:* Nützlich für Einzelzielschaden und zum Einrichten von Combos mit anderen Speer-bezogenen Fähigkeiten.

- **Blutjagd**
  - *Beschreibung:* Stürzt sich auf ein Ziel und verursacht eine Blutexplosion, wenn das Ziel von Blutverlust betroffen ist.
  - *Skalierung:* Erhöht sich mit physischem Schaden und Modifikatoren, die Blutungseffekte verstärken.
  - *Interaktionen:* Verstärkt den Schaden basierend auf dem Ausmaß des Blutverlusts beim Ziel.
  - *Verwendung:* Wirksam für Explosionsschaden, insbesondere gegen Feinde, die bereits unter Blutungseffekten leiden.

- **Wrack**
  - *Beschreibung:* Stürmt auf ein Ziel zu und schwingt den Speer in einem weiten

Bogen, um bei allen betroffenen Feinden Blutverlust zu verursachen.

- o *Skalierung:* Verbessert durch erhöhten physischen Schaden und Modifikatoren für Flächeneffekte.
- o *Interaktionen:* Schafft Möglichkeiten für Folgefähigkeiten wie „Blutjagd", um den Blutverlust-Status auszunutzen.
- o *Verwendung:* Ideal, um einen Kampf zu beginnen und mehreren Gegnern gleichzeitig Schwächungen zuzufügen.

- **Rechen**
  - o *Beschreibung:* Schwingt den Speer in einem weiten Bogen, verursacht Schaden und wendet einen Debuff an, der den von betroffenen Feinden erlittenen Schaden erhöht.
  - o *Skalierung:* Verbessert sich durch erhöhten physischen Schaden und Modifikatoren der Debuff-Potenz.
  - o *Interaktionen:* Der Debuff wirkt synergetisch mit anderen Schaden verursachenden Fähigkeiten und verbessert so die allgemeine Kampfeffektivität.
  - o *Verwendung:* Nützlich, um Gruppen von Feinden zu schwächen und sie auf nachfolgende Angriffe vorzubereiten.

- **Spearfield**
  - o *Beschreibung:* Entfesselt eine Salve von Speeren in einem kegelförmigen Bereich,

die Gegnern in der Zone Schaden zufügt und sie erheblich verlangsamt.

- *Skalierung:* Erweitert durch erhöhten Flächenschaden und Modifikatoren für physischen Schaden.
- **Interaktionen:** Die Speere bleiben eine Zeit lang im Boden stecken oder explodieren bei Feindkontakt und ermöglichen so eine strategische Gebietskontrolle.
- **Verwendung:** Ideal zum Zoneneinteilen von Feinden, zur Kontrolle des Schlachtfeldraums und zum Verlangsamen vorrückender Feinde.

2. Elementare Speerfähigkeiten

- **Reißzähne des Frosts**
  - o *Beschreibung:* Führt einen ausgedehnten Eisstich aus, der Feinde ausnutzt, die bereits aus dem Gleichgewicht geraten sind.
  - o *Skalierung:* Profitiert von erhöhtem Kälteschaden und Modifikatoren für die Chance auf kritische Treffer.
  - o *Interaktionen:* Das Treffen eines parierten Ziels verbraucht den Debuff, verursacht eine Frostnova und hinterlässt gefrorenen Boden.
  - o *Verwendung:* Wirksam zur Kontrolle der feindlichen Bewegung und zur Erhöhung des Schadens gegen unterkühlte Ziele.
- **Gletscherlanze**

- Beschreibung: Beschwört einen massiven Eisspeer von oben, der das Ziel und Feinde in der Nähe aufspießt und erheblichen Kälteschaden verursacht.
- Skalierung: Verbessert durch Kälteschaden- und Flächeneffektmodifikatoren.
- Interaktionen: Hinterlässt gefrorenen Boden und erhöht so die Wirksamkeit nachfolgender Kälteangriffe.
- Verwendung: Ideal zum Einleiten eines Kampfes und zum Verursachen erheblichen Flächenschadens.

- **Elementare Trennung**
  - Beschreibung: Schlägt mit Ihrem Speer auf den Boden und verursacht einen Riss, aus dem elementare Energie hervorbricht und Feuer-, Kälte- und Blitzschaden verursacht.
  - Skalierung: Profitiert von Elementarschaden und Modifikatoren für Flächeneffekte.
  - Interaktionen: Der Elementartyp des Risses kann durch den höchsten Elementarschadenswert des Spielers beeinflusst werden.
  - Verwendung: Vielseitig, um elementare Schwächen des Gegners auszunutzen und mit unterschiedlichen Gegnertypen fertig zu werden.

- **Wut der Windschlange**

- Beschreibung: Kanalisiert die Kraft des
Windes, um eine Salve von Speerangriffen
auszulösen, von denen jeder mit Blitzen
durchdrungen ist und mehrere Feinde
schnell trifft.
- Skalierung: Verbessert durch
Angriffsgeschwindigkeits- und
Blitzschadensmodifikatoren.
- Interaktionen: Jeder Treffer birgt die
Chance, Gegner zu schockieren und so den
nachfolgenden Schaden zu erhöhen.
- Verwendung: Wirksam, um Gruppen von
Feinden schnell zu erledigen und Schock-
Debuffs anzuwenden.

3. Nutzen- und Mobilitätsfähigkeiten

- **Scharfschützenzeichen**
  - Beschreibung: Markiert ein Ziel, wodurch
  der Schaden, den es durch Projektile
  erleidet, erhöht wird und Projektile beim
  Auftreffen auf den markierten Feind
  zersplittern.
  - Skalierung: Verbessert durch Flucheffekt
  und Projektilschadensmodifikatoren.
  - Interaktionen: Erhöht die Effektivität von
  Fernangriffen mit dem Speer gegen das
  markierte Ziel.
  - Verwendung: Nützlich, um vorrangige
  Ziele zu fokussieren und den
  Flächenschaden durch Projektilspaltung
  zu erhöhen.

- **Bluthundzeichen**
  - *Beschreibung:* Markiert ein Ziel, wodurch es stärker blutet und der Schaden, den es durch Blutungseffekte erleidet, erhöht wird.
  - *Skalierung:* Profitiert von Modifikatoren für Flucheffekte und Blutungsschäden.
  - *Interaktionen:* Verbessert die Synergie mit blutungsauslösenden Fähigkeiten wie Rake und Rapid Assault.
  - *Verwendung:* Ideal für blutungsorientierte Builds, um den Schaden über einen längeren Zeitraum zu maximieren.
- **Zahmes Tier**
  - *Beschreibung:* Fängt den Geist eines getöteten Feindes ein und ermöglicht es Ihnen, ihn mit seinen ursprünglichen Fähigkeiten als Begleiter zu beschwören.
  - *Skalierung:* Hängt von den inhärenten Stärken des gefangenen Tieres ab; verstärkt durch auf Diener bezogene Modifikatoren.
  - *Interaktionen:* Das beschworene Tier behält seine ursprünglichen Modifikatoren und bietet strategische Vorteile im Kampf.
  - *Verwendung:* Bietet Vielseitigkeit durch Anpassung an unterschiedliche Kampfszenarien durch verschiedene herbeigerufene Begleiter.

4. Aufstiegsspezifische Fähigkeiten

65

- **Waffe durchdringen (Amazon Ascendancy)**
  - *Beschreibung:* Verleiht Ihrer Waffe Elementarinfusionen basierend auf der Art der verbrauchten Ladung (Kraft, Raserei, Ausdauer) und verstärkt Projektilangriffe.
  - *Skalierung:* Verstärkt durch Modifikatoren für Elementarschaden und Ladedauer.
  - *Interaktionen:* Infundierte Projektile explodieren am Ende ihres Fluges und verursachen erheblichen Flächenschaden.
  - *Verwendung:* Strategisch zum Anpassen der Schadensarten an die Schwächen des Gegners und zur Verbesserung der Projektileffektivität.
- **Rituelles Opfer (Ritualistische Vorherrschaft)**
  - *Beschreibung:* Opfert die Leiche eines seltenen Monsters, um vorübergehend dessen Modifikatoren zu erhalten und so eure Kampffähigkeiten zu verbessern. *Skalierung:* Die Wirksamkeit hängt von der Stärke der Modifikatoren des geopferten Monsters ab.
  - *Interaktionen:* Ermöglicht eine dynamische Anpassung an Kampfsituationen durch Ausnutzung der Stärken des Feindes.
  - *Verwendung:* Am besten strategisch einsetzen, um in herausfordernden Begegnungen vorteilhafte Buffs zu erhalten.

Um die vielfältigen Fähigkeiten der Jägerin zu meistern, muss man die Synergien zwischen ihren Fähigkeiten, Waffen und der Schlachtfeldumgebung verstehen. Durch die effektive Kombination dieser Fähigkeiten können sich Spieler an verschiedene Kampfszenarien anpassen und so sowohl Schadensausstoß als auch Überlebenschancen maximieren.

Aufstiegspfade: Amazone vs. Ritualist

In *Path of Exile 2: Dawn of the Hunt* bietet die Jägerin-Klasse zwei unterschiedliche Aufstiegspfade: Die **Amazone** und die **Ritualistin** . Jeder dieser Pfade bietet einzigartige Spielstile, passive Fähigkeiten und Build-Möglichkeiten. Dieser Leitfaden geht auf die Unterschiede ein, bietet optimierte Build-Beispiele und untersucht Synergien innerhalb der Gruppendynamik.

Aufstiegspfade: Amazone vs. Ritualist

Amazon-Vorherrschaft:

Die Amazone konzentriert sich auf Beweglichkeit, kritische Treffer und Elementarschaden, insbesondere durch Speerfertigkeiten. Zu den wichtigsten passiven Fertigkeiten gehören:

- **Azmeri-Gebräu:** Lebensfläschchen stellen auch Mana wieder her und Manafläschchen stellen Leben wieder her, was die Ressourcenverwaltung verbessert.

- **Mystische Ernte:** Der Lebensraub betrifft sowohl Elementar- als auch physischen Schaden und erweitert so die Möglichkeiten zur Lebenserhaltung.
- **Pirschender Panther:** Verdoppelt die Ausweichfähigkeit durch Helme, Handschuhe und Stiefel, halbiert sie jedoch durch Körperpanzerung, was zu einer spezifischen Wahl der Ausrüstung führt.
- **Elementarinfusion:** Verbraucht Ladungen, um Waffen mit Elementarschaden zu versehen und Explosionen mit Flächenwirkung hinzuzufügen.
- **Raubinstinkt:** Erhöht die Chance auf einen kritischen Treffer gegen Feinde mit offensichtlichen Schwächen.
- **Auf den Tod aus:** Erhöht die Bewegungs- und Fertigkeitsgeschwindigkeit in der Nähe von Feinden mit offenen Schwachstellen.

Diese Überlegenheit eignet sich für Spieler, die schnelle Hit-and-Run-Taktiken bevorzugen und kritische Treffer und Elementarstöße ausnutzen.

Ritualistische Überlegenheit:

Der Ritualist beschäftigt sich mit dunklen Künsten und nutzt Rituale und Opfer, um seine Macht zu steigern. Zu den bemerkenswerten passiven Fähigkeiten gehören:

- **Rituelles Opfer:** Opfert Leben, um Modifikatoren von besiegten Monstern zu erhalten und bietet so situative Anpassungsfähigkeit.

- **Verbesserte Ringeffekte:** Ermöglicht das Anlegen eines zusätzlichen Rings und verstärkt die Boni von Ringen und Amuletten, wodurch Strategien zum Stapeln von Ausrüstung gefördert werden.
- **Entfalteter Finger:** Fügt einen weiteren Ringplatz hinzu und erhöht so die ausrüstungsbasierte Kraft weiter.

Dieser Weg ist für diejenigen interessant, die Spaß an strategischem Ressourcenmanagement und der Ausnutzung der Stärken des Feindes haben.

Optimierte Build-Anleitungen für verschiedene Spielstile

Amazon-Build: Elementarspeer-Meisterschaft

Fähigkeitsbaumpfad:

Priorisieren Sie Knoten, die die Chance auf kritische Treffer, den Elementarschaden und die Angriffsgeschwindigkeit erhöhen. Konzentrieren Sie sich auf passive Fähigkeiten wie Elemental Infusion und Predatory Instinct.

Ausrüstungsempfehlungen:

- **Waffe:** Speere mit hoher Angriffsgeschwindigkeit und Elementarschadensmodifikatoren.

69

- **Rüstung:** Auf Ausweichen basierende Ausrüstung, um die Vorteile des Stalking Panther zu nutzen.
- **Zubehör:** Schmuck, der Elementarschaden, kritische Trefferchance und Genauigkeit erhöht.

Spielstil:

Greife Gegner schnell an, indem du Speerwürfe und Nahkampfangriffe mit Elementarschaden einsetzt. Bleib beweglich, um Schaden zu vermeiden und dich effektiv neu zu positionieren.

Ritualisten-Build: Blutgespenst-Beschwörer

Fähigkeitsbaumpfad:

Betonen Sie den Schaden von Dienern, die Lebensopfermechanik und die Ringeffektverbesserungen. Zu den wichtigsten passiven Fähigkeiten gehören Ritualopfer und verbesserte Ringeffekte.

Ausrüstungsempfehlungen:

- **Waffe:** Zauberstäbe oder Dolche mit Boni auf Vasallenschaden und Zaubergeschwindigkeit.
- **Rüstung:** Energieschildausrüstung zum Ausgleich von Lebensopfern.
- **Zubehör:** Mehrere Ringe mit synergistischen Modifikatoren, die zusätzliche Ringplätze nutzen.

Spielstil:

Beschwöre Gespenster und andere Diener, die an deiner Seite kämpfen. Setze Lebensopfer strategisch ein, um deine Diener und dich selbst zu stärken und dabei Risiko und Nutzen abzuwägen.

Eine visuelle Anleitung zum Erstellen von Huntress-Builds finden Sie im folgenden Video:

Synergien mit anderen Klassen und Partydynamik

In Party-Situationen kann die Jägerin verschiedene Rollen übernehmen:

- **Mit Taktiker (Söldner):** Die strategische Unterstützung des Taktikers ergänzt die Agilität der Amazone und schafft eine ausgewogene Angriffs- und Verteidigungsdynamik.
- **Mit Lich (Hexe):** Die nekromantischen Fähigkeiten des Lich wirken synergetisch mit den dunklen Künsten des Ritualisten und verbessern Beschwörungsstrategien und Gebietskontrolle.

Effektive Gruppenzusammenstellungen nutzen die Vielseitigkeit der Jägerin und ermöglichen ihr, Lücken zu füllen und sich an die Bedürfnisse des Teams anzupassen.

Durch das Verständnis dieser Aufstiegspfade, -Builds und -Synergien können Spieler ihr Jägerinnen-Erlebnis in *Path of Exile 2: Dawn of the Hunt optimieren* .

Umfassender Leitfaden zu Ascendancy-Klassen

Aufstiegsklassen bieten spezialisierte Pfade, die die Fähigkeiten und den Spielstil deines Charakters maßgeblich beeinflussen. Dieses Kapitel bietet einen Überblick über alle Aufstiegsklassen, detaillierte Analysen der neu eingeführten Klassen und Strategien zur Auswahl und Weiterentwicklung deiner Aufstiegsklasse.

Übersicht aller Ascendancy-Klassen

Jede Basisklasse in *Path of Exile 2* hat Zugriff auf einzigartige Aufstiegsklassen, die bestimmte Aspekte des Gameplays verbessern:

- **Krieger:**
  - *Juggernaut:* Konzentriert sich auf körperliche Verteidigung und Ausdauer.
  - *Berserker:* Betont hohen Schaden auf Kosten der Verteidigung.
  - *Schmied von Kitava:* Vorgestellt in „Dawn of the Hunt", Details unten.
- **Söldner:**
  - *Duellant:* Gleicht Angriff und Verteidigung durch Beweglichkeit aus.
  - *Gladiator:* Spezialisiert auf Blocken und Gegenangriffe.
  - *Taktiker:* Neu eingeführt, Details unten.
- **Hexe:**

- o *Nekromant:* Meister der Beschwörung untoter Diener.
  - o *Elementarmagier:* Kontrolliert Elementarkräfte für vielfältige Angriffe.
  - o *Lich:* Kürzlich hinzugefügt, Details unten.
- **Ranger:**
  - o *Scharfschütze:* Hervorragend bei Projektilangriffen und Genauigkeit.
  - o *Raider:* Priorisiert Geschwindigkeit und Ausweichen.
- **Mönch:**
  - o *Aszendent:* Vielseitig, kombiniert Elemente aus verschiedenen Klassen.
  - o *Großmeister:* Konzentriert sich auf die Beherrschung bestimmter Kampftechniken.
- **Zauberin:**
  - o *Erzmagier:* Nutzt immenses Mana für mächtige Zauber.
  - o *Zauberer:* Spezialisiert darauf, Gegenständen magische Eigenschaften zu verleihen.

Detaillierte Analyse neuer Aufstiege

Schmied von Kitava (Krieger)

Der Schmied von Kitava verwandelt den Krieger in einen Schlachtfeldhandwerker, der mitten im Kampf Ausrüstung schmieden und verbessern kann. Zu den wichtigsten Funktionen gehören:

Passive Fähigkeiten:

- o *In Flammen geschmiedet:* Modifikatoren für Feuerresistenz gewähren auch Kälte- und Blitzresistenz in Höhe von 50 % ihres Werts, was die Ausrüstungsanforderungen vereinfacht.
- o *Kohlenheizer:* Modifikatoren für maximalen Feuerwiderstand gewähren auch maximalen Kälte- und Blitzwiderstand und verbessern so die Elementarverteidigung.
- o *Smiths Meisterwerk:* Ermöglicht die individuelle Anpassung von Körperpanzerungen mit leistungsstarken Modifikatoren, wie beispielsweise erhöhten maximalen Widerständen oder Lebensregeneration.
- **Beispielaufbau:**
  - o *Robuster Feuerberserker:* Nutzt hohe Feuerresistenz und Lebensregeneration, um bei feuerbasierten Angriffen Schaden zu widerstehen.
- **Spielstrategien:**
  - o Priorisieren Sie die Herstellung und Verbesserung von Ausrüstung während des Kampfes, um sich an verschiedene Situationen anzupassen.
  - o Konzentrieren Sie sich auf Feuerschaden und Widerstand, um die Vorteile passiver Aufstiegsfähigkeiten zu maximieren.

Taktiker (Söldner)

Der Taktiker macht den Söldner zum Meisterstrategen, der die Unterstützung der Verbündeten und die Kontrolle des Schlachtfelds in den Vordergrund stellt. Highlights:

- **Passive Fähigkeiten:**
    - *Ein solider Plan:* Dauerhafte Buffs haben 50 % weniger Reservierung, sodass mehr aktive Buffs gleichzeitig möglich sind.
    - *Sehen Sie, wie ich es mache:* Verbündete in Ihrer Gegenwart erhalten zusätzlichen Angriffsschaden in Höhe von 25 % des Schadens Ihrer Hauptwaffe, was die Offensive des Teams stärkt.
- **Beispielaufbau:**
    - *Unterstützungskommandant:* Rüstet Banner und Totems aus, um die Leistung der Verbündeten zu verbessern und die Bewegungen des Feindes zu kontrollieren.
- **Spielstrategien:**
    - Setzen Sie Banner strategisch ein, um Flächenwirkungs-Buffs zu maximieren.
    - Koordinieren Sie sich mit Gruppenmitgliedern, um Angriffe und Verteidigung effektiv zu synchronisieren.

Lich (Hexe)

Der Lich ermöglicht es der Hexe, den Untod zu akzeptieren und sich auf Chaosschaden und nekromantische Kräfte zu konzentrieren. Wichtige Aspekte sind:

- **Passive Fähigkeiten:**
  - *Kristallines Phylakterium:* Ermöglicht das Einsetzen eines nicht einzigartigen Juwels, um dessen Wirkung zu verdoppeln und so die Anpassung zu verbessern.
  - *Ewiges Leben:* Das Leben bleibt unverändert, solange der Energieschild aktiv ist, und sorgt so für anhaltende Überlebensfähigkeit.
  - *Seelenbruch:* Verfluchte Feinde explodieren beim Tod und verursachen Chaosschaden in einem Bereich.
- **Beispielaufbau:**
  - *Chaos-Nekromant:* Beschwört Diener, die Chaosschaden verursachen und mithilfe von Flüchen flächendeckende Explosionen auslösen.
- **Spielstrategien:**
  - Behalten Sie den Energieschild bei, um die Vorteile des ewigen Lebens zu nutzen.
  - Wenden Sie Flüche großzügig an, um die Wirksamkeit von „Rupture the Soul" zu maximieren.

Strategien zur Auswahl und Weiterentwicklung Ihres Aufstiegs

Die Auswahl und der Fortschritt einer Ascendancy-Klasse sind entscheidend, um deinen Charakter an deinen bevorzugten Spielstil anzupassen und sein Potenzial zu maximieren. Hier sind einige Strategien, die dich durch diesen Prozess führen:

1. Verstehen Sie Ihre Basisklasse und die verfügbaren Aufstiegsstufen

Jede Basisklasse bietet einzigartige Aufstiegsoptionen, die das Gameplay maßgeblich beeinflussen. Machen Sie sich mit diesen vertraut, um eine fundierte Entscheidung zu treffen:

- **Krieger:**
    - *Juggernaut:* Betont körperliche Verteidigung und Ausdauer.
    - *Berserker:* Konzentriert sich auf hohen Schaden auf Kosten der Verteidigung.
    - *Schmied von Kitava:* Diese in „Dawn of the Hunt" eingeführte Überlegenheit ermöglicht das Herstellen und Verbessern von Ausrüstung mitten im Kampf.
- **Söldner:**
    - *Duellant:* Gleicht Angriff und Verteidigung durch Beweglichkeit aus.
    - *Gladiator:* Spezialisiert auf Blocken und Gegenangriffe.

78

- o *Taktiker:* Neu eingeführt, konzentriert sich auf strategische Unterstützung und Kontrolle des Schlachtfelds.
- **Hexe:**
  - o *Nekromant:* Meister der Beschwörung untoter Diener.
  - o *Elementarmagier:* Kontrolliert Elementarkräfte für vielfältige Angriffe.
  - o *Lich:* Kürzlich hinzugefügt, befasst sich mit Chaosschaden und nekromantischen Kräften.
- **Ranger:**
  - o *Scharfschütze:* Hervorragend bei Projektilangriffen und Genauigkeit.
  - o *Raider:* Priorisiert Geschwindigkeit und Ausweichen.
- **Mönch:**
  - o *Aszendent:* Vielseitig, kombiniert Elemente aus verschiedenen Klassen.
  - o *Großmeister:* Konzentriert sich auf die Beherrschung bestimmter Kampftechniken.
- **Zauberin:**
  - o *Erzmagier:* Nutzt immenses Mana für mächtige Zauber.
  - o *Zauberer:* Spezialisiert darauf, Gegenständen magische Eigenschaften zu verleihen.

2. Passen Sie die Wahl der Ascendancy an Ihren Spielstil an

Ihre bevorzugte Kampfstrategie sollte Ihre Ascendancy-Auswahl bestimmen:

- **Nahkämpfer:** Aufstiegsstufen wie der *Schmied von Kitava* (Krieger) bieten verbesserte Nahkampffähigkeiten durch Herstellung und Waffenverbesserungen im Kampf.
- **Fernkampfspezialisten:** Die *Amazone* (Jägerin) konzentriert sich auf die Beherrschung des Speers und Fernkampftechniken.
- **Beschwörer:** Der *Lich* (die Hexe) verfügt über mächtige nekromantische Fähigkeiten und verstärkt Beschwörungs- und Chaosschäden.
- **Unterstützende Rollen:** Der *Taktiker* (Söldner) zeichnet sich durch strategische Unterstützung aus, indem er seinen Verbündeten Verstärkungen und Kontrolle über das Schlachtfeld bietet.

3. Planen Sie den Fortschritt Ihrer passiven Fähigkeiten

Sobald eine Vorherrschaft gewählt ist, planen Sie die Zuweisung Ihrer passiven Fähigkeiten, um ihre Stärken zu ergänzen:

- **Priorisieren Sie die Kernpassiven:** Konzentrieren Sie sich auf die wichtigsten passiven Fertigkeiten, die die einzigartigen Fähigkeiten der Ascendancy definieren.

- **Synergien mit Hauptfertigkeiten:** Weisen Sie passiven Fähigkeiten Punkte zu, die Ihre primären Angriffs- oder Zauberfertigkeiten verbessern.
- **Gleichgewicht zwischen Angriff und Verteidigung:** Stellen Sie sicher, dass Ihr passiver Baum Knoten enthält, die sowohl die Überlebensfähigkeit als auch den Schaden verbessern.

4. Sammeln Sie Aufstiegspunkte durch Prüfungen

Aufstiegspunkte werden durch das Abschließen bestimmter Prüfungen verdient:

- **Prüfung der Sekhemas (Akt 2):** Wird freigeschaltet, nachdem Balbala, der Verräter, in Traitor's Passage besiegt wurde. Der Abschluss dieser Prüfung gewährt die erste Aufstiegswahl und zwei Punkte.
- **Prüfung des Chaos (Akt 3):** Zugang nach dem Sieg über Xyclucian, die Chimäre, im Chimärensumpfland. Der erfolgreiche Abschluss dieser Prüfung gewährt zwei zusätzliche Aufstiegspunkte.

Diese Prüfungen stellen deine Kampfkraft und deine strategische Planung auf die Probe. Bereite dich angemessen vor, um erfolgreich zu sein und das volle Potenzial deiner Ascendancy zu entfalten.

5. Passen Sie Ihren Build an und optimieren Sie ihn

Bleiben Sie im weiteren Verlauf flexibel und passen Sie Ihren Build basierend auf Folgendem an:

- **Ausrüstungserwerb:** Integrieren Sie Ausrüstung, die die Stärken Ihrer Ascendancy verbessert.
- **Fähigkeitssynergien:** Experimentieren Sie mit verschiedenen Fähigkeitskombinationen, um effektive Synergien zu finden.
- **Community Insights:** Tauschen Sie sich mit der *Path of Exile* -Community aus, um Build-Anleitungen und Optimierungstipps zu erhalten.

Indem Sie Ihre Vorherrschaft sorgfältig auswählen und entwickeln, können Sie einen Charakter erstellen, der zu Ihrem gewünschten Spielstil passt und die vielfältigen Herausforderungen von *Path of Exile 2: Dawn of the Hunt meistert* .

Charakterentwicklung und Fähigkeitsbäume

In der weitläufigen Welt von *Path of Exile 2: Dawn of the Hunt* ist die Charakterentwicklung eine Reise der Selbstfindung und Meisterung. Der passive Fähigkeitsbaum bildet das Rückgrat dieser Entwicklung und bietet Spielern die Freiheit, ihre Charaktere an ihren individuellen Spielstil anzupassen. Dieses Kapitel befasst sich mit den Feinheiten des passiven Fähigkeitsbaums, bietet effektive Strategien zum Leveln und gibt Einblicke in die Balance zwischen Angriff und Verteidigung, um einen widerstandsfähigen Charakter aufzubauen.

Navigieren im passiven Fähigkeitsbaum: Tipps und Strategien

Der passive Skill Tree ist ein riesiges Netzwerk aus Knotenpunkten, die jeweils individuelle Verbesserungen bieten, die die Fähigkeiten deines Charakters prägen. Das Verständnis der Struktur und die strategische Planung deines Weges können dein Spielerlebnis erheblich beeinflussen.

Grundlegendes zu Knotentypen

- **Kleine passive Fähigkeiten:** Diese Knotenpunkte gewähren kleine, aber wirkungsvolle Boni, wie z. B. verbesserte Attribute, Resistenzen oder

Elementarschaden. Sie bilden die Grundlage deines Charakters.

- **Bemerkenswerte Passive:** Größere Knotenpunkte, die bedeutende Verbesserungen oder einzigartige Fähigkeiten bieten. Beispielsweise ermöglicht die bemerkenswerte *Elemental Infusion* Waffen, Elementarschaden zu verursachen und in einem Bereich zu explodieren, was dem Kampf eine strategische Ebene verleiht.
- **Keystones:** Spezielle Knotenpunkte, die tiefgreifende Änderungen an der Spielmechanik bewirken. Die Zuweisung eines Keystones kann den Spielstil Ihres Charakters grundlegend verändern, beispielsweise durch die Umwandlung des gesamten Schadens in einen bestimmten Typ oder die Änderung des Ressourcenmanagements.

Effiziente Pfadstrategien

- **Klassenstartbereiche:** Jede Klasse beginnt an einer bestimmten Stelle im Baum, was die Auswahl der anfänglichen Knoten beeinflusst. Beispielsweise startet der Krieger in der Nähe des *Juggernaut*- Bereichs und konzentriert sich auf körperliche Verteidigung und Ausdauer.
- **Build-Planung:** Identifizieren Sie frühzeitig Ihren gewünschten Build und planen Sie Ihren Weg zu wichtigen Knotenpunkten und wichtigen Elementen, die Ihre gewählten Fähigkeiten verbessern. Nutzen Sie Online-Tools wie den <u>PoE 2 Tree Planner,</u> um verschiedene Pfade zu visualisieren und auszuprobieren.

- **Neuspezialisierung:** Das Spiel ermöglicht die Neuspezialisierung passiver Punkte, sodass Sie Ihren Build anpassen können, wenn Sie neue Ausrüstung erwerben oder Ihren Spielstil verfeinern. Diese Flexibilität fördert das Experimentieren und Anpassen.

Effektives Leveln: Meilensteine und Skill-Zuweisungen

Das Leveln ist ein dynamisches Erlebnis, bei dem jede Stufe die Möglichkeit bietet, die Fähigkeiten deines Charakters zu verbessern. Strategische Fähigkeitenverteilung und das Verständnis der Meilensteine des Levelns können diesen Weg bereichern.

Meilensteine beim Leveln und Skill-Zuweisungen

- **Level 1-10: Fundamentbau**
  - **Primärer Fokus:** Verbessern Sie Kernattribute wie Stärke, Geschicklichkeit oder Intelligenz basierend auf Ihrer gewählten Klasse.
  - **Fähigkeitenverteilung:** Investieren Sie in Fähigkeiten, die Überlebenschancen und konstanten Schaden bieten. Krieger könnten beispielsweise Punkte verteilen, um Nahkampfschaden und Gesundheit zu erhöhen.
- **Level 11–30: Spielstil etablieren**

- o **Primärer Fokus:** Beginnen Sie, sich auf die Kernkompetenzen Ihres gewählten Builds zu spezialisieren.
- o **Fähigkeitenverteilung:** Vergeben Sie Punkte für wichtige Fähigkeiten, die Ihre Hauptfähigkeiten verbessern. Beispielsweise sollte ein Krieger, der sich auf den Speerkampf konzentriert, Knotenpunkte ansteuern, die den Speerschaden und die Angriffsgeschwindigkeit erhöhen.
- **Stufen 31-50: Verfeinerung und Diversifizierung**
  - o **Primärer Fokus:** Verfeinern Sie Ihren Aufbau, indem Sie in wichtige Bemerkenswertes investieren und defensive Optionen in Betracht ziehen.
  - o **Fähigkeitenverteilung:** Diversifizieren Sie, indem Sie Fähigkeiten hinzufügen, die Nutzen oder Massenkontrolle bieten, und so Angriff und Verteidigung ausbalancieren.
- **Level 51-70: Fortgeschrittene Spezialisierung**
  - o **Primärer Fokus:** Vertiefen Sie die Spezialisierung in Ihrem gewählten Build und schalten Sie fortgeschrittene Fähigkeiten und Synergien frei.
  - o **Fähigkeitenverteilung:** Konzentrieren Sie sich auf wichtige Bemerkenswertes und Schlüsselelemente, die Ihre Endspielstrategie definieren.

- **Level 71-100: Meisterung und Endspielvorbereitung**
  - **Hauptaugenmerk:** Maximieren Sie die Build-Effizienz und bereiten Sie sich auf Endgame-Inhalte vor.
  - **Fertigkeitszuweisung:** Optimieren Sie Ihren passiven Baum, um Schadensausstoß, Überlebensfähigkeit und Ressourcenverwaltung zu optimieren.

Angriff und Verteidigung im Gleichgewicht: Aufbau eines widerstandsfähigen Charakters

diesem Spiel ist es entscheidend, die richtige Balance zwischen offensiver Stärke und defensiver Belastbarkeit zu finden . Ein vielseitiger Charakter kann die Herausforderungen des Spiels effektiv meistern.

Verteidigungsstrategien

- **Lebens- und Energieschildverwaltung:** Weisen Sie passive Punkte zu, um den maximalen Lebens- und Energieschild zu erhöhen und so einen Puffer gegen Schäden bereitzustellen.
- **Resistenzen:** Stellen Sie sicher, dass die Elementarresistenzen begrenzt sind, normalerweise auf 75 %, um Elementarschäden zu mildern.
- **Rüstung und Ausweichen:** Investieren Sie in Rüstung, um den erlittenen physischen Schaden

zu verringern, und in Ausweichen, um Angriffen auszuweichen.

Offensive Strategien

- **Schadensskalierung:** Konzentrieren Sie sich auf passive Fähigkeiten, die Ihre primäre Schadensquelle verstärken, egal ob Nahkampf, Fernkampf oder Zauber.
- **Kritische Trefferchance und Multiplikator:** Erhöhen Sie diese Werte, um den Schaden zu steigern, insbesondere bei Builds, die auf kritische Treffer angewiesen sind.
- **Angriffs- und Zaubergeschwindigkeit:** Höhere Geschwindigkeiten führen zu mehr Schaden im Laufe der Zeit und einer verbesserten Reaktionsfähigkeit der Fertigkeiten.

Ausrüstungsempfehlungen

- **Waffenwahl:** Wähle Waffen, die zur Schadensart und Spielweise deines Builds passen. Beispielsweise Speere für Krieger, die sich auf Reichweite und Schaden konzentrieren.
- **Rüstungsauswahl:** Wählen Sie eine Rüstung, die ein Gleichgewicht zwischen Verteidigung und Mobilität bietet und dabei die Bedürfnisse Ihres Charakters berücksichtigt.
- **Zubehör:** Rüste Ringe, Amulette und Gürtel aus, die Widerstand, Attributboni und Verbesserungen des Lebens- oder Energieschilds bieten.

Den passiven Fähigkeitsbaum meistern

Der passive Skill Tree ist nicht nur ein Weg zur Macht; er ist eine Leinwand für die Entwicklung Ihres einzigartigen Spielstils.

- **Hybrid-Builds:** Experimentieren Sie mit Hybrid-Builds, die Elemente verschiedener Klassen kombinieren. Beispielsweise kann die Kombination von Krieger- und Söldnerpfaden einen Charakter hervorbringen, der sowohl über beeindruckende Nahkampffähigkeiten als auch über strategische Kontrolle auf dem Schlachtfeld verfügt.
- **Pfadoptimierung:** Nutzen Sie von der Community entwickelte Tools und Ressourcen, um verschiedene passive Fertigkeitszuweisungen zu simulieren. So können Sie mögliche Ergebnisse visualisieren und Ihren Build verfeinern, bevor Sie ihn im Spiel einsetzen.

Effiziente Nivellierungstechniken

Beim Leveln geht es nicht nur darum, das Endspiel zu erreichen; es geht darum, Ihre Reise zu optimieren.

- **Synergie von Fertigkeitssteinen:** Experimentieren Sie im Laufe Ihres Fortschritts mit verschiedenen Fertigkeitssteinen und ihren Synergien. Beispielsweise kann die Kombination einer feuerbasierten Fertigkeit mit unterstützenden Steinen, die den Wirkungsbereich vergrößern, das Beseitigen von Mobs effizienter machen.

- **Ressourcenmanagement:** Konzentrieren Sie sich zu Beginn des Spiels auf die Beschaffung von Ausrüstung, die die Manaregeneration fördert und die Fertigkeitskosten senkt. Dies gewährleistet anhaltende Kampfeffektivität ohne häufiges Zurückziehen zum Auffüllen der Ressourcen.
- **Strategisches Farmen:** Identifiziere Zonen mit hoher Monsterdichte und wertvoller Beute. Wenn du dir Zeit für das Farmen dieser Gebiete nimmst, kannst du deine Ausrüstung und deine Erfahrungsgewinne deutlich steigern.

Angriff und Verteidigung ausbalancieren

Ein widerstandsfähiger Charakter ist einer, der Schaden austeilen und gleichzeitig den Herausforderungen des Spiels standhalten kann.

- **Dynamische Verteidigung:** Integrieren Sie Fähigkeiten und Ausrüstung, die dynamische Verteidigungsmöglichkeiten bieten, wie z. B. temporäre Schilde oder Ausweichmanöver. Dies erweitert Ihre Verteidigung und macht Sie an verschiedene Kampfszenarien anpassbar.
- **Offensive Skalierung:** Konzentrieren Sie sich auf Fertigkeiten und passive Fähigkeiten, die

skalierbaren Schaden bieten, beispielsweise solche, die mit Ihren Attributen oder Ihrer Ausrüstung zunehmen. So stellen Sie sicher, dass Ihre offensiven Fähigkeiten parallel zum Fortschritt Ihres Charakters wachsen.

- **Ausrüstungsaffinität:** Achten Sie auf Ausrüstung, die Resistenzen und Eigenschaften bietet, die Ihren Körperbau ergänzen. Wenn Sie sich beispielsweise auf Elementarschaden konzentrieren , suchen Sie nach Ausrüstung, die die Elementarresistenz und den Schaden erhöht.

Engagement für die Community

Path of Exile 2 verfügt über eine lebendige Community, die eine wahre Fundgrube an Wissen und Unterstützung ist.

- **Community-Builds:** Entdecke in Community-Foren und Anleitungen innovative Builds und Strategien. Die Interaktion mit der Community kann dir neue Perspektiven und Ideen für deine Charakterentwicklung liefern.
- **Handel und Wirtschaft:** Beteiligen Sie sich an der Wirtschaft des Spiels, indem Sie Gegenstände und Währungen handeln. Dies verschafft Ihnen nicht nur Zugang zu besserer Ausrüstung, sondern lässt Sie auch in das komplexe Handelssystem des Spiels eintauchen.
- **Events und Herausforderungen:** Nimm an Community-Events und -Herausforderungen teil, um deine Fähigkeiten zu testen und exklusive

Belohnungen zu erhalten. Diese Events bieten oft einzigartige Mechaniken und Szenarien, die den Wiederspielwert des Spiels erhöhen.

Die Reise in *Path of Exile 2: Dawn of the Hunt* ist ein lohnendes Erlebnis, das strategische Tiefe mit dynamischem Gameplay verbindet. Indem du die fortgeschrittenen Aspekte der Charakterentwicklung meisterst, dich mit der Community austauschst und deine Strategien kontinuierlich verfeinerst, stellst du dich auf ein erfülllendes Abenteuer in der facettenreichen Welt von Wraeclast ein.

Handwerk und Wirtschaftsmanagement

Das Handwerk und das Wirtschaftsmanagement wurden erheblich verbessert und bieten den Spielern einen differenzierteren und strategischeren Ansatz für die Anpassung und den Handel von Ausrüstung. Um die Leistung Ihres Charakters zu optimieren und die Wirtschaft des Spiels effektiv zu steuern , ist es wichtig, die neuen Herstellungsmechanismen und Werkzeuge zu verstehen.

Einführung in das Crafting-System

Das Herstellungssystem wurde weiterentwickelt, um den Spielern mehr Kontrolle über die individuelle Gestaltung von Gegenständen zu geben. Im Mittelpunkt dieses Systems stehen Gegenstandsbasen, Modifikatoren und spezielle Werkbänke .

Gegenstandsbasen

Gegenstandsbasen bestimmen die grundlegenden Eigenschaften und das Potenzial der Ausrüstung. Jeder Basisgegenstand verfügt über inhärente Eigenschaften, wie etwa die Rüstungswertung für Schilde oder die Schadensarten für Waffen. Die Auswahl des geeigneten

Basisgegenstands ist von entscheidender Bedeutung, da er die Gesamtwirksamkeit der Ausrüstung beeinflusst .

Modifikatoren

Modifikatoren sind Affixe, die die Eigenschaften von Gegenständen verbessern oder verändern. Sie werden in folgende Kategorien eingeteilt:

- **Präfixe:** Modifikatoren, die vor dem Namen des Gegenstands erscheinen und normalerweise Eigenschaften wie Schaden, Widerstand oder Elementaffinitäten beeinflussen .
- **Suffixe:** Modifikatoren, die dem Namen des Gegenstands folgen und normalerweise Attribute wie Leben, Mana oder andere Verteidigungswerte beeinflussen .

Modifikatoren können durch verschiedene Herstellungsmethoden hinzugefügt, entfernt oder geändert werden, was personalisierte Gegenstandsverbesserungen ermöglicht .

Werkbänke

Werkbänke sind spezielle Stationen, an denen Spieler Gegenstände mithilfe verschiedener Herstellungsmaterialien modifizieren können. Diese Werkbänke bieten eine Reihe von Optionen, von einfachen Erweiterungen bis hin zu komplexen

Transformationen, und ermöglichen einen praktischen Ansatz zur individuellen Anpassung der Ausrüstung .

Neue Handwerkswerkzeuge nutzen

Das Spiel bietet mehrere innovative Handwerkswerkzeuge, die die Möglichkeiten zur Gegenstandsmodifizierung erweitern. Wenn Sie wissen, wie Sie diese Werkzeuge effektiv einsetzen, können Sie Ihre Handwerksbemühungen deutlich verbessern.

Zerbrechende Kugeln

Fracturing Orbs sind Währungsgegenstände, mit denen Spieler einen Modifikator dauerhaft auf einem Gegenstand sperren können, sodass dieser nicht durch andere Herstellungsmethoden verändert oder entfernt werden kann .

So verwenden Sie Fracturing Orbs:

1. **Voraussetzung:** Stellen Sie sicher, dass das Element mindestens vier explizite Modifikatoren hat.
2. **Anwendung:** Verwenden Sie die Fracturing Orb auf dem gewünschten Gegenstand .
3. **Ergebnis:** Ein Modifikator wird zufällig ausgewählt und gesperrt und kann nicht mehr geändert werden .

Beispiel:

Wenn Sie ein Paar Handschuhe mit den folgenden Modifikatoren haben :

- +20 % Feuerresistenz
- +50 auf maximales Leben
- +10 % Angriffsgeschwindigkeit
- +30 auf Intelligenz

Durch die Verwendung einer Fracturing Orb wird einer dieser Modifikatoren dauerhaft gesperrt, sodass Sie die verbleibenden Attribute frei ändern können, ohne das Risiko einzugehen, den gesperrten Modifikator zu verändern .

Notiz: Fracturing Orbs können von Monstern erworben werden, die in gereinigten Bereichen des Endspiels getötet werden .

Rekombinatoren

Rekombinatoren sind Werkzeuge, mit denen Spieler zwei Gegenstände zusammenführen können, indem sie ihre Modifikatoren kombinieren, um ein neues Ausrüstungsteil zu erstellen. Dieser Prozess ermöglicht die Synthese wünschenswerter Eigenschaften mehrerer Artikel zu einem einzigen, möglicherweise besseren Artikel .

So verwenden Sie Rekombinatoren:

1. **Auswahl:** Wählen Sie zwei Gegenstände desselben Typs (z. B. zwei Ringe) mit ergänzenden wünschenswerten Modifikatoren .
2. **Anwendung:** Verwenden Sie den Rekombinator, um die Elemente zusammenzuführen .
3. **Ergebnis:** Das resultierende Element erbt eine Kombination von Modifikatoren von beiden Originalelementen .

Beispiel:

Durch die Kombination eines Rings mit +40 % Feuerresistenz und +50 zu maximalem Leben mit einem anderen Ring, der +30 % Kälteresistenz und +60 zu maximalem Mana bietet, kann ein neuer Ring mit einer Mischung dieser Eigenschaften entstehen, der die Elementarresistenz und den Ressourcenpool Ihres Charakters verbessert .

Notiz: Rekombinatoren können durch Expeditionsinhalte erhalten werden und sind für die individuelle Anpassung der Ausrüstung wertvoll .

Azmeri-Runen und Talismane

Azmeri-Runen und -Talismane sind neue Sockelgegenstände, die bei Anwendung auf Ausrüstung mächtige Effekte bieten. Sie bieten zusätzliche

Anpassungsmöglichkeiten, sodass Spieler die Eigenschaften ihrer Ausrüstung feinabstimmen können .

Azmeri-Runen:

- **Erwerb:** Erhalten Sie Azmeri-Runen, indem Sie von Azmeri-Wispen betroffene Bestien besiegen .
- **Anwendung:** Setzen Sie Azmeri-Runen in Ihre Ausrüstung ein, um verbesserte Effekte zu erzielen, die über die Standardmodifikatoren hinausgehen .

Talismane:

- **Funktion:** Wenn Talismane in bestimmte Ausrüstungsplätze eingesetzt werden , gewähren sie starke Angriffs- und Verteidigungsboni.
- **Slot-Anforderung:** Jeder Talisman muss in den dafür vorgesehenen Ausrüstungssteckplatz eingesetzt werden, um seine Wirkung zu aktivieren .

Notiz: Sowohl Azmeri-Runen als auch Talismane werden in der Erweiterung Dawn of the Hunt eingeführt und verleihen dem Handwerkssystem mehr Tiefe .

Verdorbene Essenzen

Verdorbene Essenzen sind spezielle Handwerksmaterialien, die bei Verwendung einzigartige und mächtige Modifikatoren auf Gegenstände anwenden.

Sie bringen ein Element von Risiko und Belohnung mit sich, da die Auswirkungen unvorhersehbar, aber möglicherweise bahnbrechend sein können .

So verwenden Sie verdorbene Essenzen:

1. **Anwendung:** Verwenden Sie eine Vaal-Kugel auf einer Essenz, um sie zu verderben .
2. **Ergebnis:** Die verdorbene Essenz kann zusätzliche Modifikatoren erhalten, ihre Stufe erhöhen oder sich in eine verdorbene Essenz mit einzigartigen Effekten verwandeln .

Anwendung verdorbener Essenzen:

1. **Erhalten Sie eine verdorbene Essenz:** Diese Essenzen werden normalerweise durch die Verdorbenheit von Standardessenzen mithilfe einer Vaal-Kugel erworben. Das Ergebnis sind Gegenstände, die Ihrer Ausrüstung mächtige, verdorbenheitsspezifische Modifikatoren hinzufügen können.
2. **Wähle einen Gegenstand:** Wähle den Gegenstand aus, den du verbessern möchtest. Es empfiehlt sich, verdorbene Essenzen auf Gegenstände anzuwenden, die bereits über wünschenswerte Eigenschaften verfügen, da der Vorgang zu unvorhersehbaren Ergebnissen führen kann.
3. **Essenz anwenden:** Wende die verdorbene Essenz auf den ausgewählten Gegenstand an. Dadurch wird dem Gegenstand ein verderbnisspezifischer

Modifikator hinzugefügt, der möglicherweise seine bestehenden Eigenschaften verändert.

Beispiel:

Die Verwendung einer verdorbenen Essenz auf einer Waffe kann ihr einen Modifikator verleihen, der Gegnern einen Debuff zufügt und so eure Kampffähigkeiten verbessert. Die konkreten Ergebnisse können jedoch variieren, und der Vorgang kann auch zum Verlust bestehender Modifikatoren führen.

Strategische Überlegungen:

- **Risiko vs. Nutzen:** Die Unberechenbarkeit verderbter Essenzen kann dazu führen, dass der Gegenstand an Beliebtheit verliert. Es ist wichtig, die potenziellen Vorteile gegen die möglichen Nachteile abzuwägen.
- **Vorbereitung:** Bevor Sie eine verdorbene Essenz anwenden, stellen Sie sicher, dass der Gegenstand für Ihren Build bereits wertvoll ist. Diese Vorbereitung minimiert das Risiko, die Wirksamkeit des Gegenstands deutlich zu verringern.
- **Ressourcenmanagement:** Da verdorbene Essenzen selten sind, sollten Sie sie mit Bedacht einsetzen. Sparen Sie sie für Gegenstände auf, die für Ihren Build entscheidend sind, oder für Endgame-Ausrüstung, die eine deutliche Verbesserung benötigt.

Techniken des Währungs-Farmings: Maximierung des Reichtums

Die Wirtschaft im Spiel lebt von der Interaktion der Spieler, wobei das Sammeln und Handeln von Währungen für die Entwicklung und den Erfolg der Figur von entscheidender Bedeutung ist. Um diese Aspekte zu meistern, müssen Sie die neuesten Strategien, Kartenempfehlungen und Tipps zur Währungsumrechnung verstehen .

Effizientes Währungs-Farming ist entscheidend für den Erwerb der Ressourcen, die du zur Verbesserung der Fähigkeiten und Ausrüstung deines Charakters benötigst. Nachfolgend findest du aktualisierte Strategien, die auf die aktuelle Spielumgebung zugeschnitten sind:

1. Delirium Maps Farming

Delirium-Begegnungen bieten erhebliche Währungsbelohnungen, insbesondere in Kombination mit bestimmten passiven Atlas-Fähigkeiten .

- **Strategie:** Führen Sie Delirium-Karten aus, um emotionsgeladene Wegsteine zu sammeln, die in anderen Bereichen zur Verbesserung der Beutequalität eingesetzt werden können .
- **Kartenempfehlungen:** Delirium-Karten sind für diese Strategie optimal .

- **Tipp zur Währungsumrechnung:** Wandeln Sie überschüssige Währungen mit geringem Wert regelmäßig in stabilere Formen wie Exalted Orbs um, um die Liquidität aufrechtzuerhalten .

2. Ritualkarten-Landwirtschaft

Die Beschäftigung mit Ritualkarten kann profitabel sein, insbesondere wenn der Schwerpunkt auf Omen und anderen hochwertigen Angeboten liegt .

- **Strategie:** Aktivieren Sie Rituale und priorisieren Sie Omen, um die Währungsgewinne zu maximieren .
- **Kartenempfehlungen:** Ritualkarten mit günstigen Atlas-Passiven werden empfohlen .
- **Tipp zur Währungsumrechnung:** Vermeiden Sie das Horten von Kugeln mit geringem Wert. Tauschen Sie sie stattdessen regelmäßig um, um ein gesundes Währungsgleichgewicht aufrechtzuerhalten .

3. Trial of Chaos Runs

Die Prüfung des Chaos bietet die Möglichkeit, wertvolle Währungen wie Vaal-Kugeln und Schicksalsfragmente zu verdienen .

- **Strategie:** Schließen Sie Trial of Chaos-Läufe ab, um Vaal-Kugeln und Schicksalsfragmente zu erhalten, die verkauft oder für den weiteren Fortschritt verwendet werden können .

- **Kartenempfehlungen:** Für den Zugriff auf die Prüfung des Chaos sind beschriftete Ultimatum-Karten erforderlich .
- **Tipp zur Währungsumrechnung:** Bewerten Sie den Markt regelmäßig, um günstige Wechselkurse für Währungen zu ermitteln und so Ihren Vermögensaufbau zu optimieren .

4. Zitadellen-Landwirtschaft

Beim Erkunden von Zitadellen können Krisenfragmente zutage treten, die für den Zugriff auf Endspielinhalte wertvoll sind .

Strategie: Farmen Sie Zitadellen, um Krisenfragmente zu sammeln, die mit beträchtlichem Gewinn verkauft werden können .

Kartenempfehlungen: Zitadellenkarten mit hoher Wahrscheinlichkeit, dass Wegsteine fallen, sind ideal .

- **Tipp zur Währungsumrechnung:** Wandeln Sie überschüssige Währungen in Exalted Orbs oder Divines um, um die Liquidität für hochpreisige Trades aufrechtzuerhalten .

Handelsstrategien: Navigation durch die Spielerökonomie

Effektiver Handel ist unerlässlich, um bestimmte Gegenstände zu erwerben und den Wert Ihrer Beute zu maximieren. Die folgenden Strategien sind auf die aktuelle Handelssituation zugeschnitten:

1. Nutzen Sie die offizielle Handelswebsite

Die offizielle Handelsplattform ermöglicht detaillierte Suchen und die direkte Kommunikation mit Verkäufern.

- **Strategie:** Verwenden Sie die Handelswebsite, um bestimmte Artikel zu finden, indem Sie Filter für Artikeltyp, Seltenheit und Modifikatoren anwenden.
- **Handelstipps:**
  - **Verkäufer kontaktieren:** Verwenden Sie Flüstern im Spiel, um zu verhandeln und Geschäfte abzuschließen.
  - **Massenhandel:** Bieten Sie Artikel in großen Mengen an, um Käufer anzulocken, die nach bestimmten Artikeln oder Mengen suchen.

2. Beteiligen Sie sich am In-Game-Handel

Persönlicher Handel bietet Gelegenheit zu Verhandlungen und sofortigen Transaktionen.

- **Strategie:** Treffen Sie sich im Spiel, um Gegenstände zu tauschen, was direkte Verhandlungen und die Prüfung der Gegenstände ermöglicht .
- **Handelstipps:**
  - **Elemente überprüfen:** Überprüfen Sie die Artikel immer, bevor Sie den Handel bestätigen, um sicherzustellen, dass sie Ihren Erwartungen entsprechen .
  - **Führen Sie ausreichend Bargeld mit sich:** Stellen Sie sicher, dass Sie über genügend der für den Handel erforderlichen Währung verfügen, um Verzögerungen zu vermeiden .

3. Vermeiden Sie häufige Betrügereien

Durch Wachsamkeit können Sie den Verlust wertvoller Gegenstände und Bargeld verhindern .

- **Betrugsbewusstsein:**
  - **Preiswechsel:** Seien Sie vorsichtig, wenn Verkäufer während der Verhandlungen ihre Preise ändern .
  - **Gegenstandstausch:** Stellen Sie sicher, dass der Artikel im Handelsfenster mit dem vereinbarten Artikel übereinstimmt .
- **Tipps zur Betrugsprävention:**
  - **Überprüfen Sie die Handelsdetails doppelt:** Überprüfen Sie Artikelnamen, Modifikatoren und Währungsbeträge, bevor Sie Handelsgeschäfte akzeptieren .

o **Seien Sie vorsichtig bei unerwünschten Angeboten:** Seien Sie vorsichtig bei unaufgeforderten Handelsangeboten, insbesondere solchen, die zu gut erscheinen, um wahr zu sein .

4. Preisverhandlungsstrategien

Effektive Verhandlungen gewährleisten faire Geschäfte und erhalten einen positiven Ruf .

- **Strategie:**
  o **Marktwerte recherchieren:** Informieren Sie sich über die aktuellen Marktpreise der Artikel, um angemessene Angebote zu machen .
  o **Kommunizieren Sie klar:** Besprechen Sie die Preise offen und seien Sie bereit zu verhandeln, um eine für beide Seiten vorteilhafte Vereinbarung zu erzielen .
- **Verhandlungstipps:**
  o **Beginnen Sie mit einem angemessenen Angebot:** Beginnen Sie die Verhandlungen mit einem fairen Angebot auf Grundlage einer Marktforschung .

- **Seien Sie bereit, wegzugehen:** Wenn keine Einigung erzielt werden kann, seien Sie bereit, nach anderen Möglichkeiten zu suchen.

- **Vermeiden Sie niedrige Angebote:** Angebote, die deutlich unter dem Marktwert liegen, können Verkäufer verärgern und Verhandlungen behindern.
- **Seien Sie geduldig:** Bei stark nachgefragten Artikeln müssen Sie möglicherweise auf den richtigen Verkäufer warten. Lassen Sie sich nicht überstürzt auf ungünstige Angebote ein.
- **Klar kommunizieren:** Sorgen Sie für eine offene und respektvolle Kommunikation, um positive Handelsbeziehungen zu fördern.
- **Handelsdetails überprüfen:** Überprüfen Sie vor dem Abschluss immer die Artikelstatistiken, Währungsbeträge und andere Handelsdetails.
- **Verwenden Sie sichere Handelskanäle:** Nutzen Sie Handelsfenster im Spiel oder offizielle Handelsplattformen, um das Betrugsrisiko zu minimieren.
- **Bleiben Sie informiert:** Bleiben Sie über aktuelle Markttrends und Artikelwerte auf dem Laufenden, um fundierte Handelsentscheidungen zu treffen.
- **Seien Sie bei hochwertigen Artikeln vorsichtig:** Erwägen Sie bei wertvollen Artikeln die Verwendung synchroner Handelsmethoden, um eine sichere Transaktion zu gewährleisten.
- **Bewahren Sie einen positiven Ruf:** Als fairer und zuverlässiger Händler bekannt zu sein, kann zu erfolgreicheren und angenehmeren Handelserlebnissen führen.

Durch die Umsetzung dieser Strategien und Tipps können Sie sich in der Handelslandschaft von *Path of Exile 2:*

Dawn of the Hunt effektiver zurechtfinden, Ihr Spielerlebnis verbessern und zu einer dynamischen, spielergesteuerten Wirtschaft beitragen.

Endspielinhalte und - strategien

Das Endspielerlebnis wurde deutlich erweitert und bietet neue Karten, Mechaniken und beeindruckende Bosse, die selbst für die erfahrensten Spieler eine Herausforderung darstellen. Das Verständnis dieser Neuerungen ist entscheidend für den maximalen Fortschritt im Endspiel.

Übersicht über das Endgame-Mapping: Neue Karten und Mechaniken

Das Update „Dawn of the Hunt" führt mehrere Verbesserungen am Endspiel-Mapping-System ein und bietet den Spielern neue Herausforderungen und Belohnungen.

Neue Endgame-Karten

Acht neue Endspielkarten wurden hinzugefügt, jede bietet einzigartige Umgebungen und Begegnungen:

- **Der zerbrochene See:** Eine verzerrte Realität, in der seltene Tiere paarweise gespiegelt werden und einzigartige Herausforderungen und Belohnungen bieten.
- **Ezomyte-Megalithen:** Das Aktivieren von Runensteinen löst wellenbasierte Bosskämpfe mit

109

zunehmendem Schwierigkeitsgrad und steigenden Belohnungen aus.

- **Die stille Höhle:** Befreie und besiege seltene Monster, die in Essenzkristallen versiegelt sind, und jedes davon stärkt den Boss.
- **Die Zerschmetterten Tiefen:** Ein labyrinthisches Höhlennetzwerk voller uralter Fallen und Schätze.
- **Versunkene Ruinen:** Unterwasserruinen voller feindlicher Meeresbewohner und verborgener Artefakte.
- **Emberfall Summit:** Ein Vulkangipfel mit geschmolzenen Flüssen und feuerschwingenden Gegnern.
- **Gefrorene Ödnis:** Eine öde Tundra, die von Schneestürmen und im Eis eingeschlossenen Feinden heimgesucht wird.
- **Grüne Wildnis:** Üppige Dschungel voller aggressiver Flora und Fauna, die uralte Geheimnisse verbergen.

Diese Karten bieten abwechslungsreiche Herausforderungen und Möglichkeiten für wertvolle Beute.

Korruptionsmechanik und korrumpierte Nexuses

Eine neue Endspielmechanik, „Korruption", führt Bereiche mit einem zentralen, korrupten Nexus als Quelle der Plage ein. Die Verderbnis strömt von getöteten Feinden aus und formt mächtige Monster. Die Reinigung dieser Nexuses erfordert das Besiegen von Bossen und bietet Belohnungen wie Kristallsplitter, die für passive Atlas-Fertigkeitspunkte verwendet werden können.

Strategien zur Reinigung korrumpierter Nexuses:

1. **Vorbereitung:**
   o Rüste dich mit Ausrüstung mit hoher Resistenz und Schadensminderung aus, um den Angriffen der Bosse standzuhalten.
   o Tragen Sie ausreichend Heil- und Stärkungsgegenstände bei sich, um längere Kämpfe durchzustehen.
2. **Navigieren im Nexus:**
   o Räumen Sie die umliegenden Mobs systematisch weg, um zu verhindern, dass Sie überwältigt werden.
   o Nutzen Sie die Umgebung zu Ihrem Vorteil und nutzen Sie Engpässe und Engpässe aus.
3. **Boss-Mechaniken:**
   o Erlernen Sie Angriffsmuster, um verheerende Angriffe vorherzusehen und ihnen auszuweichen.
   o Konzentrieren Sie sich jeweils auf einen Boss, um die Anzahl gleichzeitiger Bedrohungen zu verringern.

Empfohlene Builds:

- **Robuste Builds:** Charaktere mit hoher Gesundheit, Rüstung und Massenkontrollfähigkeiten können Schaden effektiv aushalten und mildern.
- **DPS-Builds:** Ein hoher Schaden ist unerlässlich, um Bosse schnell auszuschalten, bevor sie verheerende Angriffe starten.
- **Hybrid-Builds:** Die Kombination aus Überlebensfähigkeit und erheblichem Schaden gewährleistet anhaltende Kämpfe gegen mehrere Bosse.

Boss-Strategien: Manifestationen der Korruption besiegen

In Corrupted Nexuses stehen Spieler drei neuen Bossen gegenüber, Manifestationen der Korruption selbst. Diese Begegnungen erfordern strategische Planung und ein Verständnis der Mechaniken jedes Bosses.

Allgemeine Strategien für Bosskämpfe:

- **Angriffsmuster:** Beobachten und lernen Sie die Angriffssequenzen der Bosse, um Schäden vorherzusehen und zu vermeiden.
- **Ausnutzung von Schwächen :**
  - o Identifizieren Sie elementare Schwächen und passen Sie Ihre Angriffe entsprechend an.

- **Umweltbewusstsein:** Achten Sie auf Umweltgefahren, die den Kampf erschweren können.
- **Ressourcenverwaltung:** Behalten Sie den Überblick über Heilgegenstände, Buffs und andere Ressourcen, um die Kampfeffektivität aufrechtzuerhalten.

Empfohlene Ausrüstung:

- **Verteidigungsausrüstung:** Gegenstände, die die Resistenz, Gesundheit und Rüstung verbessern, sind entscheidend, um die Angriffe der Bosse zu überleben.
- **Angriffsausrüstung:** Rüste dich mit Waffen und Zubehör aus, die deinen Schaden erhöhen, und konzentriere dich dabei auf die Schwachstellen der Bosse.
- **Utility-Ausrüstung:** Gegenstände, die Massenkontrolle, Heilung oder andere unterstützende Effekte bieten, können den Verlauf einer Schlacht wenden.

Effiziente Anbaumethoden und -techniken

Die Optimierung Ihrer Farmrouten ist entscheidend für das Erreichen bestimmter Endspielziele, sei es das Ansammeln von Währung, das Sammeln von Erfahrung oder das Erhalten bestimmter Gegenstände .

1. High-Tier-Map-Farming:

- **Route:** Konzentrieren Sie sich auf das Ausführen von Karten der Stufe 16 mit hohen Gegenstandsmengen und Seltenheitsmodifikatoren .
- **Technik:** Nutzen Sie Wegsteine, um Kartenmodifikatoren zu verbessern und so die Rudelgröße und die Dichte seltener Monster zu erhöhen .
- **Nutzen:** Karten höherer Stufen bieten höhere Chancen auf wertvolle Währungsdrops und hochstufige Gegenstände .

2. Delirium-Farming:

- **Route:** Führen Sie Karten mit Delirium-Begegnungen aus, um das Beutepotenzial zu maximieren .
- **Technik:** Wenden Sie Öle wie Schuld, Gier und Paranoia auf Karten an, um die Rudelgröße, die Seltenheit von Gegenständen und die Dichte seltener Monster zu erhöhen.
- **Nutzen:** Delirium-Begegnungen erhöhen die Menge und Qualität der Beuteabwürfe erheblich .

3. Zitadellenfragment-Farming:

- **Route:** Zielen Sie auf Zitadellenkarten mit hoher Wahrscheinlichkeit, dass Wegsteine fallen.

114

- **Technik:** Nutzen Sie Atlas-Passive, die die Seltenheit und Menge von Wegsteinen erhöhen .
- **Nutzen:** Zitadellenfragmente sind für die Herstellung wertvoll und können mit beträchtlichem Gewinn verkauft werden .

Landwirtschaft erleben

1. Kartenläufe auf hohem Niveau:

- **Route:** Führen Sie Karten aus, die drei Level über Ihrem aktuellen Charakterlevel liegen .
- **Technik:** Konzentrieren Sie sich auf das effiziente Abschließen von Kartenzielen, um den Erfahrungsgewinn zu maximieren .
- **Nutzen:** Karten auf höherem Level bieten mehr Erfahrungsbelohnungen und Zugriff auf höherstufige Inhalte .

2. Trial of Chaos-Läufe:

- **Route:** Nehmen Sie an Begegnungen im Trial of Chaos teil .
- **Technik:** Erfüllen Sie die Prüfungsziele und besiegen Sie den Prüfungsboss .
- **Nutzen:** Prüfungen bieten beträchtliche Erfahrungsbelohnungen und wertvolle Beute .

Item-Farming

1. Rituelle Landwirtschaft:

- **Route:** Aktivieren Sie Rituale in Karten, um die Beutemöglichkeiten zu erhöhen .
- **Technik:** Verwenden Sie Atlas-Passive, um Ritualbelohnungen zu verbessern und zusätzliche Rituale hervorzubringen .
- **Nutzen:** Bei Ritualen können wertvolle Gegenstände und Handwerksmaterialien verloren gehen .

2. Essenz-Landwirtschaft:

- **Route:** Führen Sie Karten mit Essence-Begegnungen aus.
- **Technik:** Wenden Sie Atlas-Passive an, die die Essenz-Spawnraten und Belohnungen erhöhen .
- **Nutzen:** Essenzen können zum Herstellen wertvoller Gegenstände verwendet oder gegen Geld verkauft werden .

Risiko vs. Belohnung: Bewertung der Herausforderungen am Ende des Spiels

Bei der Auseinandersetzung mit Endspielinhalten ist es wichtig, die Dynamik zwischen Risiko und Belohnung zu verstehen. Bestimmte Aktivitäten bieten hohe Belohnungen, sind aber auch mit erhöhten Risiken verbunden .

1. High-Tier-Map-Farming:

116

- **Risiko:** Erhöhter Schwierigkeitsgrad durch stärkere Monster und Potenzial für gefährliche Kartenmodifikatoren .
- **Belohnen:** Zugriff auf hochwertige Beute, darunter seltene Gegenstände und wertvolle Währung .
- **Strategie:** Stellen Sie sicher, dass Ihr Charakter über ausreichende Verteidigungs- und Angriffsfähigkeiten verfügt, bevor Sie sich auf hochrangige Karten begeben .

2. Delirium-Begegnungen:

- **Risiko:** Delirium fügt zusätzliche Monster und Modifikatoren hinzu, wodurch der Schwierigkeitsgrad der Karte erheblich erhöht wird .
- **Belohnen:** Deutlich erhöhte Menge und Qualität der Beute, einschließlich wertvoller Währung und Gegenstände .
- **Strategie:** Verwenden Sie Delirium-Modifikatoren, die die Beute verbessern, ohne die Fähigkeiten Ihres Charakters zu überfordern .

3. Zitadellenfragment-Farming:

- **Risiko:** Begegnungen auf hohem Niveau mit Zitadellen können eine Herausforderung darstellen und spezielle Baustrategien erfordern .
- **Belohnen:** Fragmente sind für die Herstellung wertvoll und können für viel Geld verkauft werden .

- **Strategie:** Bewerten Sie die Fähigkeit Ihres Builds, Citadel-Herausforderungen zu bewältigen, bevor Sie sich darauf einlassen .

4. Essenz-Landwirtschaft:

- **Risiko:** Begegnungen mit Essenzen können unvorhersehbar sein und unterschiedliche Schwierigkeitsgrade aufweisen .
- **Belohnen:** Essenzen sind für die Herstellung wertvoll und können zu mächtigen Gegenstandsverbesserungen führen .
- **Strategie:** Kombinieren Sie Essence Farming mit anderen Mapping-Strategien, um Effizienz und Ertrag zu maximieren .

Kartenmodifikatoren und Strategien

Kartenmodifikatoren verändern den Schwierigkeitsgrad und die Belohnung von Karten erheblich. Das Verstehen und Verwalten dieser Modifikatoren ist für ein erfolgreiches Endgame-Farming von entscheidender Bedeutung .

1. Erhöhte Artikelmenge und -rarität:

- **Wirkung:** Verbessert die Anzahl der fallengelassenen Gegenstände und ihre potenzielle Qualität .

- **Strategie:** Kombinieren Sie es mit Modifikatoren für hohe Rudelgrößen und seltene Monsterdichte, um die Beute zu maximieren .

2. Monster-Modifikatoren:

- **Typen:**
  - **Erhöhtes Monsterleben:** Monster haben mehr Gesundheit .
  - **Erhöhter Monsterschaden:** Monster verursachen mehr Schaden .
  - **Zusätzliche Monster-Affixe:** Monster erhalten zusätzliche Modifikatoren, wie beispielsweise Elementarresistenzen oder bestimmte Schadensarten .
- **Strategie:** Passen Sie die Abwehr- und Widerstandsfähigkeiten Ihres Builds an, um bestimmten Monstermodifikatoren entgegenzuwirken .

3. Umweltmodifikatoren:

Umweltmodifikatoren führen spezifische Bedingungen ein, die sowohl den Spieler als auch die Umgebung einer Karte beeinflussen. Das Wissen um diese Modifikatoren ermöglicht es Spielern, ihre Strategien und Ausrüstung anzupassen, um negative Auswirkungen zu mildern und potenzielle Vorteile zu nutzen.

Arten von Umweltmodifikatoren:

1. **Brennender Boden:**

- o *Wirkung:* Von „Brennender Boden"
  betroffene Bereiche fügen allen Wesen,
  die sich in ihnen aufhalten, mit der Zeit
  Feuerschaden zu.
- o *Strategie:* Vermeide es, in diesen
  Bereichen zu stehen, um anhaltenden
  Schaden zu verhindern. Nutze
  Bewegungsfähigkeiten, um dich schnell
  aus solchen Zonen zu entfernen.
  Feuerresistente Ausrüstung oder
  Fläschchen mit Feuerschadensreduzierung
  können den Schaden durch „Brennender
  Boden" ebenfalls abmildern.

2. **Keine Manaregeneration:**
   - o *Wirkung:* In Bereichen mit diesem
     Modifikator regeneriert sich Mana nicht
     auf natürliche Weise, sodass alternative
     Methoden zur Mana-Wiederherstellung
     erforderlich sind.
   - o *Strategie:* Gehen Sie mit Ihrem
     Manaverbrauch sorgfältig um und setzen
     Sie auf Fähigkeiten und Gegenstände, die
     Mana entziehen oder regenerieren.
     Erwägen Sie den Einsatz von Fläschchen
     oder passiven Fähigkeiten, die Mana
     regeneration oder entziehen, um den
     Manaverbrauch aufrechtzuerhalten. Auch
     die Planung von Fähigkeitenrotationen zur
     Minimierung des Manaverbrauchs kann
     effektiv sein.

3. **Reduzierte Fläschchenladungen:**

- o *Wirkung:* Flaschen laden sich langsamer auf oder liefern weniger Ladung, was ihre Verfügbarkeit bei Begegnungen einschränkt.
- o *Strategie:* Optimieren Sie den Fläschcheneinsatz, indem Sie die Aktivierung auf kritische Momente abstimmen. Nutzen Sie Ausrüstung, die die Fläschchen-Wiederherstellungsrate oder die maximale Ladung erhöht. Nutzen Sie passive Fähigkeiten oder Gegenstände, die zusätzliche Fläschchen-Ladungen gewähren oder die Fläschchen-Wirkung verstärken. Strategisches Vorgehen beim Einsatz von Fläschchen ist unter diesem Modifikator unerlässlich.

4. **Monster verursachen zusätzlichen Schaden als X:**
   - o *Wirkung:* Monster erleiden zusätzlichen Schaden einer bestimmten Art (z. B. zusätzlichen Feuer-, Kälte- oder Blitzschaden), wodurch ihre Bedrohungsstufe steigt.
   - o *Strategie:* Verbessere die Resistenz deines Charakters gegen die angegebene Schadensart. Setze Verteidigungsfähigkeiten oder Auren ein, die Schaden gegen die betroffene Art mindern. Passe deine Position und Kampftaktik an, um Monster aus vorteilhaften Winkeln anzugreifen und so

die Anfälligkeit für ihre verstärkten Angriffe zu verringern.

5. **Monster haben mehr Leben:**
   o *Wirkung:* Monster verfügen über höhere Gesundheitsreserven, was zu längeren Begegnungen führt.
   o *Strategie:* Erhöhen Sie Ihren Schaden, um die Gesundheit der Monster effizient zu reduzieren. Nutzen Sie Schwächungen oder Flüche, die die Gesundheit oder den Widerstand der Gegner verringern. Setzen Sie Gefolgsleute oder Begleiter ein, um Schaden zu verursachen, die Bedrohung zu verteilen und das persönliche Risiko zu verringern.

6. **Monster haben eine erhöhte Bewegungsgeschwindigkeit:**
   o *Wirkung:* Monster bewegen sich schneller, wodurch es schwieriger wird, ihnen auszuweichen, und ihre Bedrohung zunimmt.
   o *Strategie:* Erhöhen Sie Ihre Bewegungsgeschwindigkeit, um Abstand zu schnellen Gegnern zu halten. Nutzen Sie Massenkontrolle, um Monster zu verlangsamen oder bewegungsunfähig zu machen. Positionieren Sie sich strategisch, um die Bewegungen flinker Gegner vorherzusehen und zu kontern.

7. **Monster haben zusätzliche Projektile:**
   o *Wirkung:* Feinde feuern zusätzliche Projektile ab und erweitern so ihre

Angriffsreichweite und ihren potenziellen Schaden.

- ○ *Strategie:* Erhöhen Sie Ihre Ausweichchance, um ankommenden Geschossen auszuweichen. Nutzen Sie Fähigkeiten, die Geschosse abfangen oder ablenken. Behalten Sie die Angriffsmuster Ihres Gegners im Auge, um weitere Geschosse vorherzusehen und ihnen auszuweichen.

8. **Monster haben Aura-Buffs:**
   - ○ *Wirkung:* Monster geben Aura-Buffs ab, die ihre Eigenschaften verbessern, beispielsweise erhöhten Schaden oder Widerstand.
   - ○ *Strategie:* Identifiziere und priorisiere Monster mit Aura-Buffs, um ihre Vorteile zu neutralisieren. Setze Fähigkeiten oder Gegenstände ein, die Buffs aufheben oder ihre Wirksamkeit verringern. Positioniere dich so, dass du Monster einzeln angreifen kannst, um die Auswirkungen mehrerer überlappender Auren zu minimieren.

9. **Gekühlter Boden:**
   - ○ *Wirkung:* Mit gekühltem Boden bedeckte Bereiche verlangsamen die Bewegungs- und Aktionsgeschwindigkeit und beeinträchtigen Mobilität und Reaktionsfähigkeit.
   - ○ *Strategie:* Tragen Sie Ausrüstung, die Sie gegen Kälteeffekte immun macht oder die Geschwindigkeitseinbußen reduziert.

Nutzen Sie Fläschchen oder Fähigkeiten, die vorübergehende Verstärkungen gewähren, um Kälteeffekten entgegenzuwirken. Behalten Sie die Situation im Auge, um Bereiche mit gekühltem Boden zu meiden oder sie bei Bedarf schnell zu durchqueren.

10. **Monster reflektieren X Schaden:**
   - *Wirkung:* Monster reflektieren einen Teil des eingehenden Schadens auf den Angreifer zurück, was ein Risiko für Builds mit hohem Schaden darstellt.
   - *Strategie:* Passen Sie Ihren Schaden an, um die Reflexion zu berücksichtigen und so möglicherweise selbst zugefügten Schaden zu reduzieren. Nutzen Sie Fähigkeiten oder Gegenstände, die Schadensreflexion reduzieren. Gehen Sie vorsichtig mit Monstern um und vermeiden Sie anhaltende Nahkämpfe, die zu erheblichen Selbstschäden führen können.

Allgemeine Strategien zum Umgang mit Umweltmodifikatoren:

- **Vorbereitung:** Bevor Sie eine Karte betreten, prüfen Sie ihre Modifikatoren und passen Sie Ihre Ausrüstung, Fähigkeiten und Spielweise entsprechend an.

- **Anpassung:** Seien Sie bereit, Ihre Kampftaktiken anzupassen, um bestimmten Umweltherausforderungen entgegenzuwirken.
- **Bewusstsein:** Achten Sie bei Begegnungen auf mögliche Gefahren in der Umgebung und passen Sie Ihre Position und Aktionen an, um negative Auswirkungen zu mildern.
- **Ressourcenverwaltung:** Setzen Sie Fläschchen, Buffs und andere Ressourcen strategisch ein, um Umweltherausforderungen zu meistern.

Durch das Verstehen und Anpassen dieser Umweltmodifikatoren können Spieler ihre Überlebenschancen und Effektivität auf Karten verbessern, potenzielle Gefahren in beherrschbare Herausforderungen verwandeln und den Erfolg ihrer Bemühungen maximieren.

Multiplayer-Mechaniken und Community-Engagement

In Path of Exile 2: Dawn of the Hunt *wurden kooperatives Spiel und Community-Engagement deutlich verbessert, um das Multiplayer-Erlebnis zu bereichern. Um Ihre Reise durch Wraeclast optimal zu gestalten, ist es wichtig zu verstehen, wie Sie Parteien effektiv bilden und verwalten und wie Sie sichere Handelspraktiken anwenden.*

Gruppen bilden und verwalten: Kooperatives Spiel

Im kooperativen Spiel können sich Spieler zusammenschließen und ihre Stärken bündeln, um größere Herausforderungen zu meistern und Inhalte zu erkunden, die alleine vielleicht zu einschüchternd wären.

Tipps zur Gründung effektiver Parteien

1. **Definieren Sie Ihre Ziele:**
   - Lege die Ziele deiner Gruppe fest – sei es das Vorankommen in der Haupthandlung, das Sammeln bestimmter Gegenstände oder das Erobern von Endgame-Inhalten.

126

Klare Ziele helfen dabei, die Bemühungen der Gruppe aufeinander abzustimmen .

2. **Rollen der Balance-Gruppe:**
    o Stellen Sie ein Team mit sich ergänzenden Fähigkeiten und Rollen zusammen. Ein ausgewogenes Team besteht typischerweise aus :
        ▪ **Damage Dealer (DPS):** Charaktere, die sich auf die Maximierung des Schadens konzentrieren.
        ▪ **Panzer:** Spieler, die Schaden absorbieren und Teammitglieder schützen können.
        ▪ **Unterstützung:** Charaktere, die Heilung, Stärkungszauber oder Massenkontrolle bieten.
    o Dieses Gleichgewicht stellt sicher, dass die Partei die vielfältigen Herausforderungen effektiv bewältigen kann .

3. **Effektiv kommunizieren:**
    o Nutzen Sie den Sprach- oder Textchat im Spiel, um Strategien zu koordinieren, Informationen über feindliche Positionen auszutauschen und Teammitglieder vor potenziellen Bedrohungen zu warnen .
    o Die Einrichtung einer Kommunikationsplattform außerhalb des Spiels, beispielsweise eines Discord-Servers, kann die Koordination verbessern, insbesondere bei komplexeren Begegnungen .

4. **Spielstile synchronisieren:**
   - Passen Sie Ihren Spielstil an den Ihrer Gruppenmitglieder an, um ein reibungsloses Spielerlebnis zu gewährleisten. Wenn beispielsweise einige Mitglieder einen langsamen, methodischen Ansatz bevorzugen, während andere schnelle Action bevorzugen, besprechen Sie ein Tempo, das für alle passt, und einigen Sie sich darauf.

5. **Ressourcen und Informationen teilen:**
   - Verteilen Sie Beute und Ressourcen gerecht und berücksichtigen Sie dabei die Bedürfnisse und Beiträge jedes Mitglieds.
   - Teilen Sie Ihr Wissen über Spielmechaniken, Schwächen des Gegners und effektive Strategien zur Verbesserung der Teamleistung.

6. **Gemeinsam an Herausforderungen anpassen:**
   - Seien Sie darauf vorbereitet, Ihre Strategien an die sich entwickelnde Dynamik der Begegnungen anzupassen.
   - Unterstützt euch gegenseitig in schwierigen Momenten, zum Beispiel bei der Wiederbelebung niedergeschlagener Teammitglieder oder beim Gewähren von Deckung bei Rückzügen.

Rollen und Verantwortlichkeiten der Partei

- **Führer:**

o Übernimmt die Verantwortung für die Organisation der Party, die Festlegung von Zielen und das Treffen strategischer Entscheidungen .

o Stellt sicher, dass alle Mitglieder informiert sind und die Ziele der Partei unterstützen .

- **Schadensverursacher (DPS):**
  o Konzentrieren Sie sich auf die Maximierung des Schadens, um Bedrohungen schnell zu beseitigen .

  o Positionieren Sie sich strategisch, um unnötige Aggro von Feinden zu vermeiden .

- **Panzer:**
  o Lenken Sie die Aufmerksamkeit des Gegners auf sich und absorbieren Sie Schaden, um anfälligere Teammitglieder zu schützen .

  o Nutzen Sie Fähigkeiten zur Massenkontrolle, um die Bewegungen und Positionierung Ihres Gegners zu steuern .

- **Unterstützung:**
  o Sorgen Sie für Heilung, Stärkungen und Schwächungen, um die Effektivität des Teams zu steigern .

  o Verwalten Sie Ressourcen wie Mana oder Energie, um anhaltende Kampffähigkeiten sicherzustellen .

Kommunikationsstrategien

- **Chat im Spiel:**
  - o Verwenden Sie das Chatsystem des Spiels, um sofortige Informationen weiterzugeben, beispielsweise den Standort des Feindes, Statusaktualisierungen oder Hilfeersuchen.

- **Sprachkommunikation:**
  - o Nehmen Sie an Sprachchats teil, um eine Echtzeit-Koordination durchzuführen, insbesondere bei komplexen Begegnungen, bei denen schnelle Entscheidungen entscheidend sind .

- **Nonverbale Hinweise:**
  - o Lernen und verwenden Sie Emotes oder Signale im Spiel, um Nachrichten zu übermitteln, ohne das Gameplay zu unterbrechen. Dies ist besonders in intensiven Kampfsituationen nützlich .

Handel mit anderen Spielern: Best Practices

Der Handel ist ein grundlegender Aspekt von *Path of Exile 2* und ermöglicht es den Spielern, Gegenstände, Währungen und Dienste auszutauschen, um ihr Spielerlebnis zu verbessern. Die Anwendung sicherer und effizienter Handelspraktiken fördert eine gesunde Wirtschaft und Community im Spiel .

130

Sichere Handelspraktiken

1. **Nutzen Sie sichere Handelskanäle:**
   - o Führen Sie Trades über das offizielle Handelssystem des Spiels durch, das eine sichere Umgebung bietet und das Betrugsrisiko minimiert .
2. **Artikeldetails überprüfen:**
   - o Bevor Sie einen Handel abschließen, prüfen Sie die Artikel gründlich, um sicherzustellen, dass sie Ihren Erwartungen entsprechen .
   - o Überprüfen Sie die Gegenstandsebene, Affixierungen und alle anderen relevanten Attribute .
3. **Vereinbaren Sie die Bedingungen klar und deutlich:**
   - o Kommunizieren und vereinbaren Sie die Handelsbedingungen klar und deutlich, einschließlich der betreffenden Artikel und Währungen .
   - o Vermeiden Sie mehrdeutige Begriffe, die zu Missverständnissen führen könnten .
4. **Seien Sie bei hochpreisigen Trades vorsichtig:**
   - o Bei Gegenständen mit hohem Wert oder großen Geldbeträgen sollten Sie, sofern verfügbar, die Einbeziehung einer vertrauenswürdigen Drittpartei oder die Nutzung von Treuhanddiensten in Erwägung ziehen .

131

o Vermeiden Sie überstürzte Geschäfte mit hohem Einsatz; nehmen Sie sich die Zeit, alle Details sorgfältig zu prüfen .

5. **Verdächtige Aktivitäten melden:**
   o Wenn Sie verdächtiges Verhalten feststellen oder einen Betrugsversuch vermuten, melden Sie dies sofort dem Support-Team des Spiels .
   o Geben Sie alle relevanten Informationen an, einschließlich Spielernamen, Artikeldetails und Chatprotokolle .

Betrug vermeiden

- **Häufige Betrugsmaschen, vor denen Sie sich in Acht nehmen sollten:**
  o *Gegenstandstausch:* Der Händler tauscht den Artikel schnell im Handelsfenster aus, sodass Sie etwas anderes erhalten .
  o *Gefälschte Artikelbeschreibungen:* Artikel, die scheinbar wünschenswerte Eigenschaften haben, in Wirklichkeit aber falsch dargestellt werden .
  o *Überzahlungsfallen:* Durch Überzeugungstaktiken oder falsche Dringlichkeit dazu verleitet zu werden, für einen Artikel zu viel zu bezahlen .

Tipps zur Vermeidung von Betrug:

- **Überprüfen Sie das Handelsfenster immer doppelt, bevor Sie bestätigen:**

- o Stellen Sie sicher, dass die im Handelsfenster aufgeführten Artikel und die Währung Ihren Absichten entsprechen.
- o Seien Sie vorsichtig bei Verkäufern, die Artikel im Handelsfenster schnell austauschen. Nehmen Sie sich Zeit, jeden Artikel zu überprüfen.
- **Seien Sie vorsichtig bei Angeboten, die zu gut erscheinen, um wahr zu sein:**
  - o Extrem günstige Artikel können als Köder für Betrug dienen.
  - o Manche Verkäufer kennen den Wert ihrer Artikel möglicherweise nicht, was zu möglichen Missverständnissen führen kann.
- **Vermeiden Sie Betrug beim Tausch von Artikeln:**
  - o Seien Sie vorsichtig bei Verkäufern, die versuchen, den Artikel im Handelsfenster auszutauschen und einen anderen Artikel als vereinbart anbieten.
  - o Überprüfen Sie den Artikel immer sorgfältig, bevor Sie den Handel akzeptieren.
- **Nutzen Sie sichere Handelskanäle:**
  - o Führen Sie Trades über das offizielle Handelssystem des Spiels durch, um das Betrugsrisiko zu minimieren.
  - o Nutzen Sie für zusätzliche Sicherheit das offizielle Handelsforum auf der Path of Exile-Website.
- **Artikeldetails überprüfen:**

- Bevor Sie einen Handel abschließen, prüfen Sie die Artikel gründlich, um sicherzustellen, dass sie Ihren Erwartungen entsprechen.
- Überprüfen Sie die Gegenstandsebene, Affixierungen und alle anderen relevanten Attribute.

- **Vereinbaren Sie die Bedingungen klar und deutlich:**
  - Kommunizieren und vereinbaren Sie die Handelsbedingungen klar und deutlich, einschließlich der betreffenden Artikel und Währungen.
  - Vermeiden Sie mehrdeutige Begriffe, die zu Missverständnissen führen könnten.

- **Seien Sie bei hochpreisigen Trades vorsichtig:**
  - Bei Gegenständen mit hohem Wert oder großen Geldbeträgen sollten Sie, sofern verfügbar, die Einbeziehung einer vertrauenswürdigen Drittpartei oder die Nutzung von Treuhanddiensten in Erwägung ziehen.
  - Vermeiden Sie überstürzte Geschäfte mit hohem Einsatz; nehmen Sie sich die Zeit, alle Details sorgfältig zu prüfen.

- **Verdächtige Aktivitäten melden:**
  - Wenn Sie verdächtiges Verhalten feststellen oder einen Betrugsversuch vermuten, melden Sie dies sofort dem Support-Team des Spiels.

- Geben Sie alle relevanten Informationen an, einschließlich Spielernamen, Artikeldetails und Chatprotokolle.

Nutzung von Handelswebsites:

- **Offizielles Handelsgremium:**
  - Verwenden Sie das offizielle Handelsforum auf der Path of Exile-Website, um nach Artikeln zu suchen und Ihre eigenen aufzulisten.
  - Das Handelsforum ermöglicht eine detaillierte Artikelsuche mit verschiedenen Filtern, wodurch das Auffinden bestimmter Artikel erleichtert wird.
- **Einrichten einer Premium-Stash-Registerkarte:**
  - Um Artikel zu verkaufen, benötigen Sie einen Premium-Stash-Tab, der über den Mikrotransaktions-Shop erworben werden kann.
  - Klicken Sie nach dem Erwerb mit der rechten Maustaste auf den Namen der Registerkarte und legen Sie sie auf „öffentlich" fest.
  - Platzieren Sie Ihre Artikel im Premium-Lager-Tab und weisen Sie ihnen Preise zu, um sie für den Handel verfügbar zu machen.
- **Effektive Kommunikation:**

- o Nutzen Sie das Chatsystem im Spiel, um für Ihre Produkte zu werben.
- o Seien Sie höflich und respektvoll gegenüber anderen Spielern, um sich einen guten Ruf als zuverlässiger Händler aufzubauen.

Zusätzliche Ressourcen:

- **Handelsleitfäden:**
  - o Ausführlichere Strategien und Tipps zum Handel finden Sie in umfassenden Leitfäden, beispielsweise dem von LootBar.
- **Community-Diskussionen:**
  - o Beteiligen Sie sich in Foren und Diskussionen an der Community, um über gängige Betrugsmaschen und bewährte Vorgehensweisen auf dem Laufenden zu bleiben.
  - o Seien Sie vorsichtig bei Beiträgen, die für externe Marktplätze oder Dienste werben, da diese möglicherweise nicht reguliert sind und zusätzliche Risiken bergen.

Daher erfordert die Navigation im Handelssystem von *Path of Exile 2: Dawn of the Hunt* Wachsamkeit und Wissen. Wenn Sie die beschriebenen Best Practices befolgen, können Sie sicher und erfolgreich handeln, Ihr Spielerlebnis verbessern und gleichzeitig potenzielle Risiken minimieren.

136

Teilnahme an Ligen und Events

Path of Exile 2 nutzt ein ligabasiertes System und bietet den Spielern neue Herausforderungen und Belohnungen in unterschiedlichen, zeitlich begrenzten Umgebungen. Das Update „Dawn of the Hunt" führt mehrere bemerkenswerte Ereignisse und Mechaniken ein .

Liga-Mechaniken

- **Azmerianische Irrlichter:**
    - Diese ätherischen Wesen durchstreifen die Spielwelt und interagieren mit Monstern, um deren Fähigkeiten zu verbessern. Spieler können die Macht der Azmerian Wisps nutzen, um Talismane zu erhalten – sockelbare Gegenstände, die einzigartige Modifikatoren gewähren und so die Charakteranpassung bereichern .
- **Verdorbene Nexuses:**
    - Über die ganze Welt verstreut sind Corrupted Nexuses, also durch dunkle Energien verdorbene Zonen. Das Säubern dieser Gebiete bringt nicht nur wertvolle Beute, sondern beseitigt auch die Verderbnis und bietet strategische Vorteile im anhaltenden Kampf gegen bösartige Mächte .
- **Abtrünnige Verbannte:**
    - Diese beeindruckenden NPCs verfügen über die Intelligenz und Kampffähigkeiten

eines Spielers. Die Begegnung mit abtrünnigen Verbannten stellt eine große Herausforderung dar, bietet aber auch die Chance auf beträchtliche Belohnungen, wenn sie besiegt werden.

Veranstaltungspläne und Belohnungen

- **Twitch-Drops-Kampagne:**
  - o Zur Feier des Starts bietet eine zweiwöchige Twitch-Drops-Kampagne exklusive kosmetische Belohnungen. Durch das Ansehen eines beliebigen Path of Exile 2-Streams können Spieler Gegenstände wie das Azmeri-Edelhirsch-Haustier, den Rückenaufsatz „Jägertrophäe" und den Rhoa-Beschwörungseffekt der Ehrengarde verdienen.
- **Rennveranstaltungen:**
  - o Bei kompetitiven Rennveranstaltungen müssen die Spieler bestimmte Ziele innerhalb eines festgelegten Zeitrahmens erreichen. Zu den Belohnungen zählen einzigartige Gegenstände wie das Goldene Antlitz der Tugend des Halbgottes, die sowohl das Prestige als auch das Gameplay verbessern .

Mit der Community interagieren: Foren, Streams und Ressourcen

Aktives Engagement in der Community bereichert Ihr *Path of Exile 2-* Erlebnis und bietet Einblicke, Strategien und Kameradschaft .

Offizielle Foren

- **Path of Exile-Foren:**
    - o Die offiziellen Foren dienen als Knotenpunkt für Diskussionen, Build-Anleitungen und Entwickler-Updates. Durch die Teilnahme hier werden Sie mit einem riesigen Netzwerk von Spielern verbunden und bleiben über die neuesten Spieleentwicklungen auf dem Laufenden .

Streaming und Inhaltserstellung

- **Twitch-Streams:**
    - o Durch das Ansehen von Live-Streams erhalten Sie Einblicke in das Gameplay, Strategien und Interaktionen mit der Community in Echtzeit. Viele Streamer bieten Tutorials, Walkthroughs und Unterhaltung an, die Ihr Verständnis und Ihren Spaß am Spiel verbessern .
- **YouTube-Anleitungen:**

- Auf Plattformen wie YouTube gibt es eine Vielzahl von Anleitungen und Komplettlösungen. Beispielsweise können Build-Guides und Ranglisten dabei helfen, die Leistung Ihres Charakters zu optimieren .

Community-Ressourcen

- **Reddit-Diskussionen:**
  - *Path of Exile 2* gewidmete Subreddits sind lebendige Communities, in denen Spieler Erfahrungen und Strategien austauschen und Ratschläge einholen. Durch die Teilnahme an diesen Diskussionen können unterschiedliche Perspektiven und Lösungen für Herausforderungen im Spiel gewonnen werden .

Parteirollen und Klassenintegration

Für ein effektives Teamspiel ist es entscheidend, die Gruppenrollen zu verstehen. Jede Rolle trägt auf einzigartige Weise zum Erfolg einer Gruppe bei .

Tank

- **Rollenübersicht:**
  - Panzer sind Frontkämpfer, die Schaden absorbieren und anfälligere Teammitglieder schützen .

140

- Klassenintegration:
  - Söldner-Aufstieg (Krieger):
    - Spezialisiert auf die Kontrolle des Schlachtfelds, das Aufregen der Aufmerksamkeit des Gegners und das Einhalten erheblicher Schäden. Die Fähigkeiten konzentrieren sich auf Gebietskontrolle und Überlebensfähigkeit.

Schadensverursacher (DPS)

- **Rollenübersicht:**
  - DPS-Charaktere konzentrieren sich auf die Maximierung des Schadens, um Bedrohungen schnell zu beseitigen .
- **Klassenintegration:**
  - **Stormweaver Ascendancy (Zauberin):**
    - Hervorragend geeignet für Elementarangriffe mit hohem Flächenschaden, ideal zum Beseitigen von Mobs und zum Verursachen erheblichen Schadens bei Bossen.
  - **Gemling Legionär Ascendancy (Söldner):**
    - Bietet ein Gleichgewicht zwischen Angriff und Verteidigung mit Fähigkeiten, die den Schaden erhöhen und gleichzeitig die Überlebensfähigkeit erhöhen.

Unterstützung

- **Rollenübersicht:**
  - Unterstützungscharaktere bieten Heilung, Buffs, Debuffs und Massenkontrolle, um die Teamleistung zu verbessern .
- **Klassenintegration:**
  - **Ritualistische Vorherrschaft (Jägerin):**
    - Nutzt Blutmagie und auf Seuchen basierende Fähigkeiten, um Feinde zu schwächen und Verbündete zu stärken, und bietet einzigartige Unterstützungsmöglichkeiten.
  - **Lich-Aufstieg (Hexe):**
    - Nutzt nekromantische Kräfte, um Diener zu beschwören und Feinde zu verfluchen und bietet sowohl offensive als auch defensive Unterstützung.

Die Einbeziehung dieser Rollen und das Verständnis der Klassensynergien fördern eine effektive Teamarbeit und verbessern das gesamte Spielerlebnis in *Path of Exile 2: Dawn of the Hunt* .

Geheimtipps und versteckte Mechaniken

In diesem Spiel *können Spieler eine Vielzahl versteckter Mechaniken, Easter Eggs und Erkenntnisse des Entwicklers entdecken, die das Spielerlebnis bereichern. Das Eintauchen in diese Aspekte verbessert nicht nur das Gameplay, sondern fördert auch eine tiefere Verbindung mit der komplexen Welt des Spiels.*

Weniger bekannte Funktionen und wie man sie nutzt

Path of Exile 2 ist für seine Tiefe und Komplexität bekannt und bietet den Spielern zahlreiche versteckte Funktionen, die das Gameplay erheblich beeinflussen können.

Bestienzähmungsmechanik

Die in „Dawn of the Hunt" eingeführte Tierzähmungsmechanik ermöglicht es Spielern, Bestien zu fangen und als Begleiter zu beschwören. Um ein Tier zu zähmen, müssen Spieler die Fertigkeit „Tier zähmen" nutzen, um eine Zielkreatur zu schwächen, sie zu töten und ihren Geist einzufangen. Sobald das Tier gefangen ist, wird es zu einem Begleiter und behält seine einzigartigen Modifikatoren, die die Fähigkeiten Ihres Charakters

143

verbessern können. Dieses System ermutigt die Spieler, Bestien zu suchen und zu zähmen, die zu ihrem Spielstil passen, und fügt dem Gameplay eine strategische Ebene hinzu .

Azmeri-Irrlichter und verderbte Nexuses

Azmeri Wisps sind ätherische Wesen, die Gegnern in der Nähe Macht verleihen, ihnen einzigartige Fähigkeiten verleihen und ihre Stärke steigern. Spieler können sich diesen mächtigeren Feinden stellen, um höhere Belohnungen zu erhalten, oder ihnen aus dem Weg gehen, um ein weniger anspruchsvolles Erlebnis zu haben. Darüber hinaus handelt es sich bei Corrupted Nexuses um von dunklen Energien verdorbene Bereiche, in denen sich furchterregende Bosse aufhalten. Das Säubern dieser Gebiete bringt nicht nur wertvolle Beute, sondern beseitigt auch die Verderbnis und bietet strategische Vorteile im anhaltenden Kampf gegen bösartige Mächte.

Versteckte Prioritätsquests

Überall im Spiel finden sich versteckte Prioritätsquests, die einzigartige Herausforderungen und Belohnungen bieten. Beispielsweise geht es bei der Pilz-Quest in Akt 3 darum, bestimmte Pilzgruppen zu finden und mit ihnen zu interagieren, was zu wertvoller Beute und Wissensfunden führt. Ähnlich verhält es sich bei der Idol-Quest in Akt 3, bei der Spieler versteckte Idole finden müssen, die bei Entdeckung jeweils unterschiedliche Buffs gewähren.

144

Diese Quests fördern gründliches Erkunden und die Beachtung von Umgebungsdetails.

Easter Eggs und versteckte Quests

Spieler können zahlreiche Easter Eggs und versteckte Quests entdecken, die das Spielerlebnis bereichern. Diese Geheimnisse führen oft zu einzigartigen Belohnungen und vertiefen das Wissen des Spiels. Nachfolgend finden Sie detaillierte Komplettlösungen für einige bemerkenswerte versteckte Quests und Easter Eggs, einschließlich ihrer Standorte und Belohnungen.

Versteckte Quests

1. Die Jagd beginnt

Standort: Der Grelwood, Akt 1

So entsperren Sie:

- Sprechen Sie während Akt 1 mit Delwyn im Grelwood, um die Quest zu beginnen .

Ziele:

1. **Verfolgen Sie den Geist:**
   - Nach dem Gespräch mit Delwyn erscheint ein Geist und entfernt sich. Folgen Sie ihm genau und achten Sie darauf, dass er sich

nicht zu weit entfernt, da er sonst seine
Spur verlieren könnte .

2. **Besiege das gejagte Monster:**
   - o Der Geist nimmt von einem Monster in der
     Nähe Besitz und markiert es mit „Vom
     sagenumwobenen Hirsch gejagt". Greife
     diese mächtige Kreatur an und besiege sie
     .

3. **Bericht an Delwyn:**
   - o Kehren Sie nach dem Kampf nach Delwyn
     zurück, um die Quest abzuschließen .

Belohnungen:

- Diese Quest dient als Einführung in Azmerian
  Wisps und gewährt keine besonderen
  Belohnungen. Es macht die Spieler mit dieser
  Spielmechanik vertraut, die zukünftige
  Begegnungen beeinflussen kann .

Notiz: Obwohl „Die Jagd beginnt" verpasst werden kann,
hat es keinen Einfluss auf den Gesamtfortschritt. Spieler
können wählen, ob sie damit interagieren oder ohne es
weitermachen möchten .

2. Pilzsuche

Standort: Höhepunkt des Schmutzes, Akt 3

So entsperren Sie:

- Erhalten Sie einen roten, blauen oder grünen Pilz, indem Sie mit bestimmter Flora im Bereich „Apex of Filth" interagieren .

Ziele:

1. **Pilze sammeln:**
   - Finden und sammeln Sie die angegebenen Pilze im Apex of Filth .
2. **Rückkehr zu Oswald:**
   - Bringen Sie die Pilze zu Oswald im Ziggurat-Lager, um die Quest abzuschließen .

Belohnungen:

- Lebens- und Manafläschchen, die für das Überleben während Kämpfen unerlässlich sind .

Notiz: Diese Quest fördert die Erkundung und Interaktion mit der Umgebung und bietet praktische Belohnungen für den Fortschritt .

3. Idols Quest

Standort: Utzaal und Aggorat, Akt 3

So entsperren Sie:

- Erhalten Sie ein großartiges, glorreiches, goldenes, exquisites, außergewöhnliches oder elegantes Idol, indem Sie bestimmte Feinde in Utzaal oder Aggorat besiegen.

Ziele:

1. **Sammle Idole:**
   o Erwerben Sie die erforderlichen Idole an den genannten Orten .
2. **Besuchen Sie Oswald:**
   o Liefern Sie die Götzenbilder zu Oswald im Ziggurat-Lager, um die Quest abzuschließen .

Belohnungen:

- 6.000 Gold, was die Währungsreserven des Spielers erheblich aufstockt.

Notiz: Die Teilnahme an dieser Suche bietet finanzielle Vorteile und hilft beim Kauf von Ausrüstung und anderen wichtigen Dingen .

Ostereier

1. Agnar und verborgene Idole

Standort: Verschiedene Orte in Akt 1 und 3

So entsperren Sie:

- Sammeln Sie Gegenstände wie den Schädel, die Kappe und den Gürtel des Winterwolfs, die an die Überlieferungen von Excalibur erinnern.
- Erhalten Sie bestimmte Idole wie das großartige, glorreiche, goldene, exquisite, außergewöhnliche oder elegante Idol .

Ziele:

1. **Sammeln Sie Lore-Gegenstände:**
   o Sammeln Sie die oben genannten Gegenstände, die alle mit der Legende von Agnar verbunden sind .
2. **Entdecken Sie verborgenes Wissen:**
   o Diese Gegenstände bieten Einblicke in die Hintergrundgeschichte des Spiels und bereichern das Verständnis des Spielers für die Welt .

Belohnungen:

- Schaltet ein geheimes Rhoa-Level frei, in dem Spieler gegen den Rhoa-König kämpfen können und das einzigartige Herausforderungen und Beute bietet .

Notiz: Dieses Easter Egg ist tief in der Geschichte des Spiels verwurzelt und bietet eine reichhaltige Hintergrundgeschichte und zusätzliche Spielinhalte für alle, die sich für die Geschichte des Spiels interessieren .

149

Einblicke von Entwicklern und Entdeckungen aus der Community

Die *Path of Exile 2*- Community hat maßgeblich zur Aufdeckung dieser Geheimnisse beigetragen. Diskussionen und Zusammenarbeit haben zur Entdeckung versteckter Quests und Easter Eggs geführt und so das kollektive Verständnis für die Tiefe des Spiels verbessert. Die Entwickler haben auf die Existenz solcher Geheimnisse hingewiesen und die Spieler dazu ermutigt, diese zu erforschen und ihre Erkenntnisse zu teilen.

Das Erkunden dieser versteckten Quests und Easter Eggs belohnt die Spieler nicht nur mit greifbaren Vorteilen, sondern vertieft auch ihre Verbindung zur Überlieferung und zum Aufbau der Welt des Spiels. Durch die Interaktion mit der Community und den Austausch von Entdeckungen wird das gemeinsame Spielerlebnis noch weiter verbessert.

Einblicke der Entwickler:

- **Einführung der Jägerinnenklasse:**
  - Die Jägerin ist eine neue Speerkämpferklasse, die einen hybriden Kampfstil bietet und Nah- und Fernkampf nahtlos integriert. Diese Klasse bietet einzigartige Fähigkeiten, wie einen reitbaren Vogelbegleiter und die Fähigkeit, Monsterseelen einzufangen und zu nutzen. Das erweitert das Gameplay um

strategische und individuelle
Möglichkeiten.
- **Endgame-Verbesserungen:**
  - o Die Entwickler haben sich darauf
    konzentriert, das Endspiel durch über 40
    neue Begegnungen zu bereichern, darunter
    verschiedene Tresore, Azmeri-Wisps und
    Bosse. Diese Ergänzungen sollen ein
    dynamisches und abwechslungsreiches
    Erlebnis schaffen und die Spieler aufgrund
    der vielfältigen Kombinationen und
    Herausforderungen dazu anregen, sich
    immer wieder mit den Inhalten
    auseinanderzusetzen.
- **Spielbalance und Neuausgleichsbemühungen:**
  - o Um übermächtige Builds zu vermeiden
    und ein anspruchsvolleres und
    lohnenderes Spielerlebnis zu
    gewährleisten, wurden umfangreiche
    Anpassungen vorgenommen.
    Beispielsweise wurde die
    Elementarschwelle gesenkt, wodurch
    Spieler anfälliger für Beschwerden werden
    und nach Strategien zur
    Schadensbegrenzung suchen.
- **Early Access und Entwicklungszeitplan:**
  - o Obwohl das Ziel weiterhin besteht, den
    Early Access bis 2025 zu beenden, sind
    sich die Entwickler über mögliche
    Verzögerungen im Klaren, um ein
    ausgereiftes Endprodukt zu gewährleisten.
    Der Schwerpunkt liegt auf der Qualität und

der Behebung zentraler Probleme vor der vollständigen Veröffentlichung.

Entdeckungen der Community:

- **Versteckte Quests und Easter Eggs:**
  - o Spieler haben geheime Quests entdeckt, wie zum Beispiel die Questreihe „Agnar und versteckte Idole", bei der es um das Sammeln bestimmter Gegenstände geht und einzigartige Belohnungen gewährt werden. Diese Entdeckungen unterstreichen die Tiefe der Spielgeschichte und die Belohnungen einer gründlichen Erkundung.
- **Klassensynergien und Build-Experimente:**
  - o Die Community experimentiert aktiv mit den neuen Klassen und Aufstiegen und entdeckt Synergien und optimale Builds. Die Jägerin beispielsweise zeichnet sich durch ihre Beweglichkeit und ihr Combo-Potenzial aus, ihre Vielseitigkeit und ihren fesselnden Spielstil.
- **Feedback zur Spielmechanik:**
  - o Es kam zu Diskussionen über Spielmechaniken, wie beispielsweise das Gleichgewicht zwischen Nah- und Fernkampf, die Wirksamkeit von Schilden und die Auswirkungen von Krankheiten. Dieses Feedback ist für laufende Anpassungen und Verbesserungen von unschätzbarem Wert.

Path of Exile 2 weiterzuentwickeln und allen Spielern ein umfassendes und spannendes Erlebnis zu bieten.

Anhänge

In diesem Kapitel liefern wir wichtige Informationen, um Ihr Erlebnis in *Path of Exile 2: Dawn of the Hunt zu verbessern* .

Glossar der Begriffe und Abkürzungen

- **Aufstieg:** Spezialisierte Unterklassen, die einzigartige Fähigkeiten und passive Boni bieten, sodass Spieler den Spielstil ihres Charakters weiter anpassen können .
- **Atlas-Passivbaum:** Ein Fähigkeitsbaum, der die Arten von Begegnungen und Belohnungen beeinflusst, die im Endspiel-Mapping-System zu finden sind .
- **Rundschild:** Mit diesem Update wird ein neuer Gegenstandstyp für die Nebenhand eingeführt, der Verteidigungsfähigkeiten bietet und die Fähigkeit „Parieren" ermöglicht .
- **Gereinigte Karten:** Von Korruption gereinigte Karten, die neue Monster, Bosse, Modifikatoren und Belohnungen bieten .
- **Verdorbene Nexuses:** Von dunklen Energien verdorbene Gebiete, in denen mächtige Bosse hausen. Besiegt ihr sie, werden die umliegenden Gebiete gereinigt und zusätzliche Inhalte freigeschaltet .
- **Essenzen:** Gegenstände, die zur Verbesserung von Ausrüstung mit bestimmten Modifikatoren

verwendet werden können. Verdorbene Essenzen bieten einzigartige Herstellungsergebnisse.

- **Zerbrechende Kugel:** Ein Gegenstand, der einen bestimmten Modifikator auf einem Gegenstand sperrt und so sicherstellt, dass er bei zukünftigen Herstellungsversuchen unverändert bleibt .

- **Parieren:** Eine Verteidigungsfähigkeit, die es Charakteren ermöglicht, eingehende Angriffe abzuwehren, Feinde zu betäuben und Gegenangriffe vorzubereiten .

- **Rekombinationsherstellung:** Ein System, das es Spielern ermöglicht, zwei Gegenstände zusammenzuführen und ihre Eigenschaften zu kombinieren, um potenziell leistungsstarke neue Ausrüstung zu erstellen .

- **Abtrünnige Verbannte:** NPCs mit spielerähnlicher Intelligenz und Kampffähigkeiten. Wer sie besiegt, erhält wertvolle Beute, einschließlich der Ausrüstungsgegenstände .

- **Runen:** Sockelbare Gegenstände verleihen der Ausrüstung verschiedene Modifikatoren. Sie können abgestuft werden, um ihre Effekte zu verstärken .

- **Gespenst:** Ein Diener, der aus der Seele eines getöteten Monsters beschworen wurde und seine ursprünglichen Fähigkeiten und Eigenschaften behält .

- **Taktiker:** Eine Aufstiegsklasse für den Söldner, deren Schwerpunkt auf der Kontrolle des Schlachtfelds und unterstützenden Fähigkeiten liegt.

- **Talismane:** Sockelbare Gegenstände, die zusätzliche Modifikatoren für die Ausrüstung bieten. Sie können durch verschiedene Spielmechaniken verbessert werden .
- **Wegsteine:** Elemente, die den Schwierigkeitsgrad und die Modifikatoren von Karten definieren und die darin enthaltenen Begegnungsarten und Belohnungen beeinflussen .

Häufig gestellte Fragen (FAQ)

F1: Wann wurde das Update „Dawn of the Hunt" veröffentlicht?

Das Update „Dawn of the Hunt" wurde am 4. April 2025 um 12:00 Uhr PDT (Pacific Daylight Time) veröffentlicht .

F2: Wird es mit diesem Update einen Neustart der Wirtschaft geben?

Ja, es wurden neue Ligen mit einer neuen Wirtschaft eingeführt. Es wird dringend empfohlen, in diesen neuen Ligen zu starten, da umfangreiche Balance-Änderungen bestehende Charaktere beeinträchtigen können.

F3: Muss ich einen neuen Charakter erstellen, um die neuen Inhalte zu erleben?

Es wird empfohlen, einen neuen Charakter in den Dawn of the Hunt-Ligen zu erstellen, um die neuen Inhalte voll auszuschöpfen. Alle Updates sind jedoch auch in den bestehenden Ligen verfügbar. Ein Neustart ermöglicht es Ihnen jedoch, die neuen Balance-Änderungen und Funktionen wie vorgesehen zu nutzen .

F4: Werden meine vorhandenen Charaktere und Gegenstände mit diesem Update gelöscht?

Nein, es wird keine Charakter- oder Gegenstandslöschungen geben. Ihre vorhandenen Charaktere und Gegenstände bleiben erhalten. Beachten Sie jedoch, dass umfangreiche Balance-Änderungen die Leistung Ihres Charakters beeinträchtigen können.

F5: Ist „Dawn of the Hunt" eine kostenpflichtige Erweiterung?

Nein, „Dawn of the Hunt" ist ein kostenloses Update für alle bestehenden Path of Exile 2-Spieler. Wenn du jedoch noch keinen Zugriff auf Path of Exile 2 hast, musst du eines der Early Access Supporter Packs kaufen, um spielen zu können .

F6: Wird für dieses Update ein Vorab-Download verfügbar sein?

Ja, ein Vorab-Download wird am Tag vor dem Start verfügbar sein. Spieler können die Torrent-Datei für den eigenständigen PC-Client verwenden, um das Update vorab herunterzuladen .

Ressourcenliste: Tools, Websites und Communities

- **Offizielle Path of Exile-Website:** Greifen Sie auf Spiele-Downloads, Neuigkeiten und offizielle Foren zu .
- **Path of Exile-Foren:** Engagieren Sie sich in der Community, finden Sie Anleitungen und beteiligen Sie sich an Diskussionen .
- **Path of Exile 2 Community-Wiki:** Eine umfassende Ressource für Spielmechaniken, Gegenstandsdatenbanken und mehr .
- **PoE-Tresor:** Bietet Anleitungen, Neuigkeiten und Build-Empfehlungen .
- **Maxroll.gg:** Bietet ausführliche Anleitungen, Patchnotizen und Spielanalysen .
- **Path of Exile-Subreddit:** Nehmen Sie an Diskussionen teil, tauschen Sie Erfahrungen aus und bleiben Sie über die neuesten Nachrichten auf dem Laufenden .
- **Path of Exile 2 Discord:** Vernetzen Sie sich mit anderen Spielern, nehmen Sie an Events teil und erhalten Sie Unterstützung in Echtzeit .

Patchnotizen und Versionsverlauf

Version 0.2.0 – Dawn of the Hunt (veröffentlicht am 4. April 2025):

- **Neue Inhalte:**

- o **Jägerinnen-Klasse:** Einführung einer neuen spielbaren Charakterklasse, der Jägerin, einer auf Geschicklichkeit basierenden Azmeri-Kriegerin, die sowohl im Nah- als auch im Fernkampf geübt ist.
- o **Aufstiegsklassen:** Für die Jägerin wurden die Aufstiegsklassen „Amazon" und „Ritualist" sowie für den Söldner „Taktiker", für den Krieger „Schmied von Kitava" und für die Hexe „Lich" hinzugefügt.
- o **Neue Fertigkeiten:** Einführung von über 25 neuen Fertigkeiten, hauptsächlich im Zusammenhang mit Speeren, zur Verbesserung der Kampfvielfalt.

Support Gems: Über 100 neue Support Gems wurden hinzugefügt, um eine umfassendere Anpassung der Charaktererstellung zu ermöglichen.

- o **Gegenstandsklassen:** Zur Erweiterung der Waffenauswahl wurden zwei neue Gegenstandsklassen eingeführt – Speere und Rundschilde.
- o **Einzigartige Gegenstände:** Über 100 neue einzigartige Gegenstände wurden hinzugefügt, die den Spielern vielfältigere Beuteoptionen bieten.
- o **Endgame-Karten:** Acht neue Endgame-Karten wurden eingeführt, jede mit einzigartigen Begegnungen und

Belohnungen, um die Endgame-Erkundung zu bereichern.

- o **Einzigartige Tresore:** Vier einzigartige Tresore hinzugefügt, besondere Truhen mit einzigartigen Begegnungen und Szenarien mit hohem Risiko und hoher Belohnung.
- o **Rogue Exiles:** Zwölf Rogue Exiles wurden eingeführt, NPCs mit spielerähnlicher Intelligenz und Kampffähigkeiten, die herausfordernde Begegnungen und wertvolle Beute bieten.
- o **Azmerian Wisps:** Azmerian Wisps wurden hinzugefügt, Geister, die Spieler zu mächtigeren Monstern führen und so die Dynamik der Erkundung verbessern.
- o **Korruptionsmechanik:** Die Korruptionsmechanik wurde um neue Bereiche und Herausforderungen erweitert, darunter korrupte Nexuses und mächtige Bosse.
- o **Verbesserungen beim Herstellen:** Einführung der Rekombinationsherstellung, die es Spielern ermöglicht, Gegenstände für leistungsstarke Modifikatoren zusammenzuführen, und Hinzufügung von Fracturing Orbs und Corrupted Essences für eine erweiterte Ausrüstungsanpassung.
- **Spielbalance:**
  - o **Endspieltürme:** Die Endspieltürme wurden neu ausbalanciert, indem ihre

Anzahl reduziert, ihre Stärke jedoch erhöht wurde, um ein dynamischeres und strategischeres Gameplay zu schaffen.

- o **Anpassungen an Fähigkeiten und Gegenständen:** Es wurden erhebliche Anpassungen an verschiedenen Fähigkeiten und Gegenständen vorgenommen, um ein ausgewogeneres und abwechslungsreicheres Spielerlebnis zu ermöglichen.

Abschluss

Zum Abschluss unseres umfassenden Leitfadens zu *Path of Exile 2: Dawn of the Hunt* wollen wir über die wichtigsten Erkenntnisse nachdenken und einen Blick auf die sich entwickelnde Reise werfen, die sowohl neue als auch wiederkehrende Spieler erwartet .

Abschließende Gedanken und Ermutigung

Path of Exile 2 führt das Erbe seines Vorgängers fort und bietet ein umfassendes, immersives Erlebnis voller komplexer Mechaniken, unterschiedlicher Charakterklassen und einer düsteren, fesselnden Handlung. Das Update „Dawn of the Hunt" bringt bedeutende Verbesserungen mit sich, darunter die Hinzufügung der Jägerin-Klasse, neue Aufstiegspfade und jede Menge Endspielinhalte, die die Spieler herausfordern und fesseln sollen .

Für Neulinge kann die Tiefe des Spiels zunächst entmutigend wirken. Die Path of Exile-Community ist jedoch für ihren unterstützenden und kooperativen Geist bekannt. Die Nutzung von Community-Ressourcen, Anleitungen und Foren kann Ihr Verständnis und Ihren Spaß am Spiel erheblich steigern .

Erfahrene Spieler werden feststellen, dass das Update „Dawn of the Hunt" neue Herausforderungen und Möglichkeiten zur Meisterung bietet. Das Erkunden der neuen Inhalte, das Experimentieren mit verschiedenen Builds und die Teilnahme an Community-Diskussionen können Ihr Spielerlebnis bereichern .

Auf dem Laufenden bleiben: Zukünftige Entwicklungen verfolgen

Path of Exile 2 kontinuierlich zu erweitern und zu verbessern . Um über zukünftige Patches, neue Inhalte und Einblicke der Entwickler auf dem Laufenden zu bleiben, nutzen Sie die folgenden Möglichkeiten:

- **Offizielle Website:** Besuchen Sie regelmäßig die Path of Exile-Website, um die neuesten Nachrichten, Ankündigungen und Patchnotizen zu erhalten .
- **Community-Foren:** Nehmen Sie an Diskussionen in den offiziellen Foren teil , um sich mit Entwicklern und anderen Spielern auszutauschen, Feedback zu geben und über kommende Funktionen auf dem Laufenden zu bleiben .
- **Social Media-Kanäle:** Folgen Sie dem Twitter-Konto von Path of Exile, um aktuelle Updates, Veranstaltungsankündigungen und Community-Highlights zu erhalten .

- **Newsletter:** Abonnieren Sie den offiziellen Newsletter, um Updates direkt in Ihren Posteingang zu erhalten und sicherzustellen, dass Sie keine wichtigen Informationen verpassen .

Ermutigung zu Feedback und Community-Beiträgen

Ihr Feedback ist für die Gestaltung der Zukunft von *Path of Exile 2 von unschätzbarem Wert* . Grinding Gear Games ermutigt seine Spieler aktiv, ihre Erfahrungen, Vorschläge und Anliegen zu teilen. So können Sie mitwirken:

- **Feedback geben:** Teilen Sie uns im Abschnitt „Early Access Feedback" in den Foren Ihre Gedanken zu Spielmechanik, Balance und Gesamterlebnis mit.
- **Fehler melden:** Wenn Sie auf technische Probleme oder Fehler stoßen, melden Sie diese im Abschnitt „Early Access Bug Reports", damit das Entwicklungsteam diese Probleme umgehend angehen und lösen kann .
- **Verbesserungsvorschläge:** Nehmen Sie an Diskussionen und Threads teil, in denen neue Funktionen oder Verbesserungen vorgeschlagen werden, beispielsweise im Thread „Feedback und Vorschläge für Path of Exile 2" , in dem Community-Mitglieder Ideen vorschlagen und an einem konstruktiven Dialog teilnehmen können .

164

Indem Sie sich aktiv in der Community engagieren und fundiertes Feedback geben, spielen Sie eine entscheidende Rolle bei der kontinuierlichen Entwicklung und Verfeinerung von *Path of Exile 2* . Ihre Beiträge tragen dazu bei, dass sich das Spiel in eine Richtung entwickelt, die bei seiner Spielerbasis Anklang findet, und gleichzeitig die Tiefe und Komplexität beibehält, die das Path of Exile-Erlebnis ausmachen .

Begeben Sie sich voller Zuversicht auf Ihre Reise durch Wraeclast, in dem Wissen, dass Ihnen eine lebendige Community und eine Fülle von Ressourcen zur Verfügung stehen. Möge Ihr Weg voller Entdeckungen, Herausforderungen und Triumphe sein.

Vielen Dank fürs Lesen!

Über den Autor

Ethan Bryce Cooper ist ein erfahrener Autor, Spiele-Enthusiast und Experte im Bereich interaktives Storytelling und Rollenspiele. Mit jahrelanger Erfahrung im Verfassen umfassender Spieleanleitungen, Rezensionen und Entwickler-Insights hat sich Ethan einen Namen für seine tiefgründigen Analysen, sein kreatives Schreiben und sein Engagement für die Bereitstellung ansprechender und informativer Inhalte für die Gaming-Community gemacht.

ein leidenschaftlicher Fan von *Path of Exile* und hat viel Zeit darauf verwendet, die Spielmechanik zu meistern, verschiedene Builds zu entwickeln und jeden Zentimeter der weitläufigen Spielwelt zu erkunden. Seine Expertise umfasst nicht nur Action-RPGs, sondern auch verschiedene Genres, sodass er Spielanleitungen aus einer ganzheitlichen Perspektive betrachten kann.

Ethans Schreibstil ist bekannt für seinen zugänglichen und detaillierten Stil. Er legt den Schwerpunkt darauf, komplexe Spielmechaniken für Spieler aller Spielstärken verständlich zu machen. Er ist bestrebt, seinen Lesern einen Mehrwert zu bieten, indem er klare Strategien, praktische Tipps und motivierende Einblicke bietet, die das Spielerlebnis verbessern.

Wenn Ethan nicht gerade schreibt, entdeckt er oft neue Titel, tauscht sich mit Online-Gaming-Communitys aus oder vertieft sich in die neuesten Gaming-News und -

Updates. Seine Begeisterung für Gaming und sein Engagement, ein tieferes Verständnis für Videospiele zu fördern, spiegeln sich in jedem seiner Inhalte wider.

Egal, ob Sie ein erfahrener *Path of Exile* -Spieler sind oder Ihr Abenteuer gerade erst beginnen, die Arbeit von Ethan Bryce Cooper begleitet Sie auf jedem Schritt des Weges und bietet Ihnen fachkundige Ratschläge und Ermutigung, damit Sie in der dynamischen Welt von Wraeclast erfolgreich sind.